# Kooperation oder Konkurs?

# Kooperation oder Konkurs?

Die Landwirtschaft braucht
neue Sozialformen.
Modelle und Praxis
im biologisch-dynamischen Landbau

Herausgegeben von
Heinz Gengenbach und Max Limbacher
im Verlag Freies Geistesleben

CIP-Titelaufnahme der Deutschen Bibliothek

*Kooperation oder Konkurs?*: die Landwirtschaft braucht neue Sozialformen; Modelle und Praxis im biologisch-dynamischen Landbau/hrsg. von Heinz Gengenbach u. Max Limbacher. – Stuttgart: Verl. Freies Geistesleben, 1989

ISBN 3-7725-0925-8

NE: Gengenbach, Heinz [Hrsg.]

Einbandfotos: Thomas Raupach und Mike Schröder, Bildarchiv Argus

Gesamtherstellung: Clausen & Bosse, Leck

# Inhalt

# Teil 1:
# Grundlagen

Josef Ertl

# Grußwort

Der Kampf der europäischen Landwirte um Marktanteile verschärft sich. Die Dynamik des technischen Fortschritts hält auch in Zukunft unvermindert an, und ein Ende der Ertragssteigerungen ist nicht abzusehen. Dem steht bei uns und in anderen Industrieländern eine weitgehend stagnierende Nachfrage nach landwirtschaftlichen Produkten gegenüber. Als unmittelbare Folge geraten die Agrarpreise weiter unter Druck. Die Politik wird ihn allenfalls mildern, nicht aber auffangen können.

Landwirte, die «überleben» wollen, müssen daher alles daran setzen, sich im verschärften Wettbewerb zu behaupten. Die alternative Erzeugung gewinnt dabei an Bedeutung. Unabhängig von der Produktionsrichtung gilt es vor allem, die Kosten zu senken. Die volle Ausschöpfung der im Betrieb gegebenen Rationalisierungsreserven wird dazu häufig nicht einmal ausreichen. Kostensenkung verlangt mehr, nämlich angepaßte, nicht selten größere Produktionseinheiten.

Aber es geht nicht allein um die Kosten. Marktanteile zu behaupten oder auszubauen gelingt nur bei marktgerechter Lieferung. Diese besteht in der Fähigkeit, für den Abnehmer attraktive Mengen in gleichbleibend hoher Qualität zu festen Terminen bereitzustellen. Das gilt um so mehr bei Erzeugnissen aus alternativer Produktion, für die sich jeder Betrieb seinen speziellen Markt erschließen muß. Der direkte Verkauf an den Konsumenten stößt schnell an Grenzen. Er ist keine Patentlösung für die Mehrheit unserer Landwirte. Vielmehr kommt es darauf an, andere, leistungsfähige Absatzkanäle zu bedienen, mit denen die standortlichen Begrenzungen überwunden werden können. Entsprechend große Produktionseinheiten sind die Voraussetzung.

Was kann man tun, wenn Wachstum zwar notwendig, aber nicht möglich ist? Ist Weichen die zwingende Konsequenz? Nein, es gibt einen dritten Weg: die Zusammenarbeit mit anderen Landwirten oder mit den Marktpartnern. Kooperation oder Aufgabe lautet also die Alternative. Durch Zusammenarbeit bei Beschaffung, Produktion oder Absatz können strukturelle, wirtschaftliche Nachteile des Einzelbetriebes aufgewogen werden. Dafür gibt es eine Vielzahl von überzeugenden Beispielen. Nicht nur zwischen Vollerwerbslandwirten, auch mit und innerhalb der Nebenerwerbslandwirtschaft ist Partnerschaft wichtig und unersetzlich: zur Brechung von Arbeitsspitzen und anderen Engpässen einerseits und zur Auslastung der vorhandenen Maschinenpotentiale andererseits.

Aber auch jenseits der rein wirtschaftlich-existentiellen Leistungen bringt Zusammenarbeit vielerlei Vorteile. Betriebliche Kooperation in der Landwirtschaft heißt stets ein zweckgerichteter freiwilliger Zusammenschluß verantwortlicher, gleichberechtigter Menschen, in welcher Form und Intensität auch immer. Menschen bilden eine Gemeinschaft, einigen sich auf Ziele und Wege, geben und erfahren Unterstützung. Kooperation ist ganz allgemein die Idealform des menschlichen Miteinanders. Ihr Beitrag zur Erhaltung der durch den Strukturwandel bedrohten ländlichen Lebensgemeinschaft und der Kulturlandschaft kann nicht hoch genug eingeschätzt werden.

Sicher ist das Hineinfinden in die Zusammenarbeit nicht einfach. Das kann aber kein Grund sein, auf Kooperation zu verzichten. Zusammenarbeit ist erlernbar. Sie kann schrittweise verwirklicht werden. So ist es möglich, sich einzuüben in anspruchsvollere, aber auch leistungsfähigere Formen der Kooperation und diese individuell und zweckgerichtet zu gestalten. Geistige Beweglichkeit, immerwährende Lernbereitschaft, Überzeugung und der feste Wille zur Zusammenarbeit sind wichtig. Mit ihrer Hilfe kann jede Hürde überwunden werden.

Eventuelle Befürchtungen über den vermeintlichen Verlust an Selbständigkeit, an unternehmerischer Freiheit sind meist haltlos. Häufig ist gerade das Gegenteil der Fall. Kooperation heißt weder Verkauf noch Enteignung noch Kollektivierung. Sie hilft, den Betrieb bzw. das Vermögen zu sichern und neue unternehmerische und soziale Möglichkeiten zu entwickeln. Damit beugt sie dem weitaus größten Verlust an Selbständigkeit und Freiheit vor, dem Verlust der wirtschaftlichen Existenz. Sie hilft nicht zuletzt, eine bäuerliche Landwirtschaft in Zukunft zu erhalten.

Die Förderung der Kooperation ist seit langem ein Anliegen der Deutschen Landwirtschafts-Gesellschaft. Als ihr Präsident wünsche ich dem vorliegenden Buch daher, daß es ihm gelingt, die notwendige Kooperationsbereitschaft in der Landwirtschaft zu stärken und zu einer größeren Verbreitung der vielfältigen Formen der Zusammenarbeit zum Wohle unserer Landwirtschaft beizutragen. Kooperation statt Konkurs – möge dies zunehmend Wirklichkeit werden!

Heinz Gengenbach

# Einleitung

In einer Fachzeitschrift des ökologischen Landbaus fragt ein Landwirtschaftsstudent: «Wollen wir die Erneuerung des sozialen Zusammenlebens auf den Höfen den Anthroposophen überlassen?» Das zeigt an einem Beispiel, wie aktuell dieses Thema heute bei jungen Menschen ist, die ihre Zukunft in einer anders gestalteten, ökologisch und ressourcenorientierten Landwirtschaft sehen.

«Kooperation oder Konkurs?» kann sich daher nicht nur auf die Schilderung von Formen der einzel- und überbetrieblichen Zusammenarbeit aus wirtschaftlichen Motiven heraus beschränken. Es soll vielmehr eine möglichst umfassende Darstellung versucht werden, in der neben den ökonomischen Aspekten der Landwirtschaft – die nicht vernachlässigt werden dürfen – auch die ökologische und soziale Verantwortung für die gesamte Volkswirtschaft zur Geltung kommt.

Warum wollen immer mehr vorwiegend junge und gut ausgebildete Menschen nicht weiterhin in den gängigen, traditionell geprägten Strukturen arbeiten? Im Alltag der landwirtschaftlichen Beratung ist festzustellen, daß in zunehmendem Maße bei der Umstellung auf die biologisch-dynamische Wirtschaftsweise oder auch bei Neugründungen von Betrieben nicht allein das Leitbild des bäuerlichen Familienbetriebs, d. h. möglichst als Einzelunternehmen, ohne Fremdarbeitskräfte, im Mittelpunkt steht.

Hinzu kommt heute auch ein erweitertes und vertieftes Verständnis für die mit dem Eigentum verbundene soziale Verantwortung, die ja in besonderer Weise für die Grundlage jeder landbaulichen Tätigkeit, für Grund und Boden, gilt. Die überlieferten Eigentums- und Sozialstrukturen werden in dieser Hinsicht zunehmend als ungenügend empfunden. Die Landwirte suchen nach Möglichkeiten, dieses Verständnis auch in den rechtlichen Gestaltungen von Betrieben und Betriebsgemeinschaften zum Ausdruck zu bringen. So sind einige gemeinnützige Vereine entstanden, die als Hauptaufgabe den Erwerb von Grund und Boden in ihrer Satzung verankert haben, um diesen dann biologisch-dynamisch bewirtschaften und ihn gewissermaßen treuhänderisch für die kommende Generation pflegen zu lassen. Die Erkenntnis, daß Landwirtschaft ohne eine bis ins finanzielle Engagement gehende Einbindung von Verbraucherinteressen eigentlich nicht betrieben werden kann, äußert sich in dem Bestreben von Landwirten *und* Verbrauchern, gemeinsam landwirtschaftliche Verantwortung zu übernehmen. So schaffen sich viele Höfe aktiv ein eigenes ‹soziales Umfeld›.

Die biologisch-dynamische Wirtschaftsweise, die ideell und praktisch auf den Erkenntnissen und Anregungen der von Rudolf Steiner begründeten Anthroposophie beruht, ist von ihrem ganzheitlich geprägten Ansatz her in besonderer Weise für das Erproben und Erüben neuer Sozialformen geeignet, bietet sie doch die Möglichkeit, einerseits mit Grund und Boden anders umzugehen, und zwar sowohl rechtlich als auch landbaulich, andererseits Steiners Erkenntnis umzusetzen, daß im Sozialen das Urteil eines einzelnen nie gültig sein kann.

So werden schon seit mehr als zwanzig Jahren neue Formen der Kooperation auf landwirtschaftlichen Betrieben erprobt, etwa durch Landwirtschaftsgemeinschaften, in Landbauforschungsgesellschaften, in Verbraucherzusammenschlüssen, welche sich in mehreren Städten gebildet haben. Nachdem inzwischen unter anderem durch den zunehmenden wirtschaftlichen Druck, der in Folge des sogenannten ‹Strukturwandels› in der Landwirtschaft entstanden ist, und aus Rationalisierungsgesichtspunkten wieder über Kooperation gesprochen wird, dürfte es an der Zeit sein, die bisher gemachten Erfahrungen darzustellen.

Neben den eigentlichen Aufgaben des Landbaus, der Erzeugung von in jeder Hinsicht gesunden Lebensmitteln und der Pflege der Erde durch verantwortlichen Umgang mit den natürlichen Grundlagen (Boden, Wasser, Rohstoffe etc.), geht es auch um Fragen der Ausbildung, um individuelle und praxisorientierte Forschung auf den Höfen, um soziale Fürsorge (Heilpädagogik, Therapie), letztlich aber um eine politische Aufgabe: daß man Landwirtschaft zukünftig nicht nur als Agrarindustrie sehen darf, sondern als die Lebensgrundlage unserer Industriegesellschaft.

Daß die verantwortliche Gestaltung dieser Lebensgrundlage nicht den Landwirten allein überlassen werden kann oder gar nur den Anthroposophen, wie der besorgte Student fragt, versteht sich von selbst.

Allen, die zum Entstehen dieses Buches durch Rat und Tat beigetragen haben, sei an dieser Stelle für ihre Mithilfe herzlich gedankt: Juristen, Steuerfachleuten, Bankmitarbeitern ebenso wie Beraterkollegen, vor allen Dingen aber den Landwirten und deren Frauen bzw. Mitarbeitern. Ohne das große Engagement von Dr. Manon Haccius, die als Fachlektorin die Texte bearbeitet hat, hätten wir das Buch in der vorliegenden Form nicht fertigstellen können.

Die Zusammenstellung dieser Texte soll ein Versuch sein, die Thematik der Kooperation auf dem momentanen Stand zu bearbeiten und die Diskussion darüber anzuregen. Wir haben daher auch kleine anfängliche, aber doch modellhafte Ansätze in diese Veröffentlichung mit aufgenommen.

Wir hoffen, daß dieses Buch dazu beiträgt, die Scheu vor neuen Sozialformen zu verringern und die Urteilskraft über bestehende und zukünftige Ansätze zu schärfen. Die beschriebenen Versuche sind nur als Orientierungshilfe für eigene individuelle Schritte in neue Formen gedacht und wenden sich ausdrücklich nicht allein an die tätigen Landwirte und Gärtner, sondern in gleichem Maße an alle diejenigen, die im weitesten Sinne als Verbraucher der so erzeugten Lebensmittel, als Händler, als Verarbeiter, als Rechtsfachleute, als Bankmitarbeiter aktiv sind.

Wir hoffen daher – auch wenn das vielleicht etwas kühn ist –, daß dieses Buch mithilft, den «Konkurs der Landwirtschaft», der sich in der wachsenden Umweltbelastung einerseits und in vielfältigster sozialer Problematik andererseits (Höfesterben etc.) zeigt, aufzuhalten und Wege in eine zukunftsorientierte Landwirtschaft aufzuzeigen.

Webern, im Mai 1989 *Heinz Gengenbach*

Heinz Gengenbach

# Von Kooperation zu Assoziation

Die Diskussion über Formen der Kooperation in der Landwirtschaft wird vielerorts neu aufgegriffen. Ein Experten-Workshop beschäftigte sich auf Einladung der Agrarsozialen Gesellschaft Göttingen mit «Wegen zur Kooperation zwischen landwirtschaftlichen Betrieben» (1988)[1]. Die renommierte Zeitschrift «DLG-Mitteilungen» behandelte das Thema jüngst ausführlich.[2] Eine Dissertation über «Wirtschaftliche Zielkonflikte in landwirtschaftlichen Kooperationen» wurde an der landwirtschaftlichen Fakultät der Universität Kiel eingereicht.[3]

Stellt dies eine Renaissance des Kooperationsgedankens dar, welcher Anfang der 70er Jahre in aller Munde war? Damals war der Anlaß der Mansholt-Plan. Es sollte eine Großbetriebslandwirtschaft geschaffen werden. Man entwarf eine Struktur- statt der Preispolitik. Weniger Bauern sollten mehr Einkommen auf den verbleibenden Betrieben erwirtschaften. Die Deutsche Landwirtschafts-Gesellschaft wählte für ihre Wintertagung in Wiesbaden im Jahre 1972 die folgenden Themen: Landwirte vor Alternativen. Entwicklung durch Einzelentscheidung? Allein oder in Kooperation? Frei auf dem Markt oder im Verbund? – Der Strukturwandel ging indes unaufhörlich weiter.

Wenn man auf die Geschichte der von Rudolf Steiner begründeten Landbaumethode schaut, bemerkt man, daß bezüglich Kooperation und Einbindung in das gesamtgesellschaftliche Umfeld mit dem «Kommenden Tag», einem Verbund aus Heilmittelherstellern, einer Bank, landwirtschaftlichen und anderen Betrieben, bereits 1920 ein erster Versuch gestartet worden war. Dieser endete jedoch schon 1922/23, im Zusammenhang mit der Inflation, mit einem Konkurs.

Was den Handel betrifft, so gab es seit 1927 eine Vermarktungsgruppe, die allerdings 1930 ebenfalls Liquidation anmelden mußte. Der 1932 gegründete Demeter-Wirtschaftsbund handelte noch selbst mit den landwirtschaftlichen Produkten. Der Demeter-Bund in seiner heutigen Form wurde 1954 geschaffen. 1960 wurde die Arbeitsgemeinschaft Verarbeitung und Vertrieb von Demeter-Erzeugnissen gegründet, die AVV. Auch einige Verbraucher-Gemeinschaften sowie Erzeuger-Verbraucher-Assoziationen bildeten sich. Im Jahre 1972 z. B. wurde die Demeter-Assoziation e. V. in Freiburg gegründet. Über diesen Zusammenschluß von Erzeugern und Verbrauchern werden wir in einem der folgenden Kapitel berichten. Seit 1986 existiert ein «Verbund freier Unternehmensinitiativen»[4]. In Zürich gibt es die «Schweizerische Assoziation zur Förderung der biologisch-dynamischen Landwirtschaftsweise»[5], die vorbildlich deshalb ist, weil in ihr sowohl Organisationen der Anbauer wie auch der Händler und Konsumenten zusammengeschlossen sind. Ein Vertreter des Demeter-Bundes, Stuttgart, äußerte sich in einer Ladner-Zeitschrift zur sozialen Problematik, die auch im Naturkostbereich spürbar ist: «Egoismus braucht man nicht zu lernen. Daß man den Teil, dem man selbst angehört, für das Ganze hält, vollzieht sich fast unbemerkt. Im Zeitalter der hochentwickelten Arbeitsteilung ist die Selbstversorgung auf ein vernachlässigbares Maß geschwunden. Jeder einzelne empfängt die Arbeitsergebnisse seiner Mitmenschen und leistet selbst seinen Beitrag zur gesellschaftlichen Wohlfahrt. Zusammenarbeit ist also zur Existenzfrage geworden.»[6]

Der Präsident der DLG, Josef Ertl, sieht den landwirtschaftlichen Betrieb in der Zukunft so: «Der bäuerliche Familienbetrieb dürfte dabei modern ausgeprägt werden, wobei Altes – hoffentlich: breit gestreutes Eigentum und Selbstverantwortung – und Neues – vermutlich: *arbeitsteilige Spezialisierung in Kooperation* – sich zu neuen Formen mischen werden.» Aufgrund des hohen Bildungsstandes in der Landwirtschaft hält er die Probleme der Gestaltung und Beherrschung neuer Formen der Zusammenarbeit für durchaus lösbar.[7] Beim Blick in die «moderne» Landwirtschaft, d. h. den konventionellen Landbau und in die Möglichkeiten innerhalb biologisch-dynamisch bewirtschafteter Betriebe sollen nachfolgend Charakteristika von Kooperation in der Landwirtschaft beschrieben werden. Im weiteren soll versucht werden, eine Brücke zu schlagen von der reinen Zusammenarbeit aus einzelbetrieblichen Motiven heraus zum assoziativen Wirtschaften im Hinblick auf die Wohlfahrt der gesamten Bevölkerung.

### *Freiheit durch Bindung – Kooperation in der Landwirtschaft*

Schon die Klärung des Begriffes Kooperation in der Landwirtschaft bereitet Schwierigkeiten. In einer Veröffentlichung des Hessischen Landesamtes in Kassel wird damit grundsätzlich die Zusammenarbeit zwischen Landwirten gemeint, die sich an einem gemeinsamen Ziel orientieren. Zu den Kooperationen zählen neben den rechtlichen Gesellschaftsformen auch alle Formen der über- und zwischenbetrieblichen Zusammenarbeit.[8] Karl-H. Deerberg[3] betont, daß es gar keine allgemein gültige Definiton gebe, die verschiedenen Erklärungen wären uneinheitlich. Schon daran zeigt sich, daß wir auf dem Gebiet der Kooperation einen großen Nachholbedarf haben.

Wenn wir über die Ländergrenzen hinwegschauen, fällt auf, daß z. B. das Agrarland Frankreich eine eigens geschaffene gesetzliche Grundlage für Kooperation in der Landwirtschaft besitzt. Die Groupments Agricoles d'Exploitation en Commune (GAEC) sind landwirtschaftliche Gruppenbetriebe mit maximal zehn Mitgliedern und der zehnfachen Flächengröße der Durchschnittsbetriebe in der Region. Es dürfen sich nur hauptberufliche Landwirte in Teil- oder Vollfusion zusammenschließen, meist sind es Vater, Sohn, Bruder, unterstützt von einer Spezialberatung. Durch diese Maßnahme wird versucht, größere entwicklungsfähige Einheiten mit Familienarbeitsverfassung zu fördern und – zumindest indirekt – dem Entstehen von Großbetrieben mit Lohnarbeitsverfassung entgegenzuwirken. 1965 entstanden die ersten GAEC. Heute sind es ca. 26000, die insgesamt 6,5 % der landwirtschaftlichen Fläche in Frankreich bewirtschaften. Mehr als 90 % sind Vollfusionen[9]. Ob es sich dabei um «echte» Kooperation handelt, ist selbst in Frankreich umstritten wegen der meist sehr engen verwandtschaftlichen Beziehung ihrer Mitglieder. Daneben existieren noch sogenannte Bodeneigentümergemeinschaften (GFA). Seit 1985 besteht die Möglichkeit, landwirtschaftliche Unternehmen als GmbH (EARC) zu führen.

Holland gilt als besonders kooperationsfreudig. So stammen z. B. die Betriebshilfsdienste – neben den Maschinenringen und -gemeinschaften die weitestverbreitete Form der Kooperation hierzulande – von dort. Auch dort spielt die Beratung eine wichtige Rolle bei der Gestaltung solcher Zusammenarbeit. Der Effekt ist jedoch anders als Frankreich. Durch Spezialisierung und Intensivierung entsteht eher eine industrialisierte Landwirtschaft, welche zwangsläufig einseitig ist (es wird also Futter importiert, Käse und Dünger, z. B. Gülle, exportiert). Auch in den USA gibt es ähnliche Entwicklungen. Hier spricht man von Partnerschaftsbetrieben, von Cooperation etc.[9]

Woran mag es liegen, daß in der BRD der Kooperationsgedanke und seine praktische Verwirklichung noch nicht den Stellenwert erreicht haben wie in den anderen Ländern? Dieser Frage ging unter anderem auch eine Expertengruppe von Agrarwissenschaftlern, Bauern, Beratern etc. im Jahre 1988 nach. Nach einer Situationsanalyse unter der Frage «was hat die Kooperation gebracht?» folgte die Erwartungsanalyse «was sollte und könnte die Kooperation in Zukunft bringen?». Als dritten Schritt befaßte man sich mit der Frage «was fördert Kooperation, welche Probleme bringt sie?».

Interessant ist, daß in diesem Workshop neben guten praktischen Beispielen (jemand macht es vor, es geht also) vor allen Dingen qualifizierte Beratung und gründliche Einweisung in die Problematik von Kooperation als sehr positiv wirksam hervorgehoben wurden. Als hinderlich wurde festgestellt, daß es mangelnde Unterstützung durch Politik und Standesorganisationen gäbe. Wenn nur wirtschaftliche und noch dazu unklare Ziele vorlägen, sei eine Kooperation von vornherein zum Scheitern verurteilt. Als Forderung und Quintessenz stand zum Schluß: nicht nur den Einzelbetrieb idealisieren. Kooperation braucht ein überzeugendes Marketingkonzept! Beratung und Forschung sollen aufgebaut und verstärkt werden!

## *Kooperieren – aber selbständig bleiben*

Eine Möglichkeit stellt z. B. die Kooperation eines 32 ha-Ackerbaubetriebes im Harzvorland mit einem benachbarten 125 ha-Ackerbaubetrieb (konventionell) dar. Dieses Beispiel[10] ist interessant, weil es zeigt, daß sich sehr wohl kleine und große, sowohl Neben- wie auch Vollerwerbsbetriebe in einer Zusammenarbeit verständigen können. In diesem Falle bleiben beide Landwirte selbständig, kaufen ihre Maschinen selbst, sprechen sich aber bei Investitionen ab. Arbeitswirtschaftlich nützt man sämtliche Möglichkeiten der Technisierung und Organisation aus. Der Kommentar des zuständigen Beraters stimmt nachdenklich. Er meint, daß bei Verschärfung des Preisrückgangs für landwirtschaftliche Erzeugnisse bis 1991 nur ca. 30% der Betriebe (Ackerbaubetriebe in dieser Region) diese Durststrecke überleben können, wenn nicht alle Möglichkeiten – auch der Kooperation mit einem oder mehreren Betriebsleitern – ausgeschöpft werden, um Arbeit und Kapital auszutauschen bzw. Kosten zu sparen und das verfügbare Kapital gezielter einzusetzen.[11]

Einen neuen Ansatz, kooperative Formen in der Landwirtschaft zu fördern, stellte das 1985 in Hessen ins Leben gerufene ländliche Regionalprogramm mit intensiver Spezialberatung dar (seit 1987 ist dieses Förderprogramm gestrichen). Nach österreichischem Vorbild wurden im Bereich von Vermarktung und Vertrieb von landwirtschaftlichen Erzeugnissen vorrangig kooperative Zusammenschlüsse bezuschußt. Beratung und Information sollten eine dauerhafte Zusammenarbeit stützen.

Eine Studie über die seit 1979 geförderten 59 Veredelungsprojekte, Direktvermarktungsinitiativen etc. brachte ein wichtiges Ergebnis. Kooperativ geführte Betriebe überleben die schwierige Phase des Aufbaus und der Konsolidierung eher als Einzelbetriebe.[12] Ein ehemaliger Berater des Vereins Eigenständige Regionalentwicklung (VER) hat in einem Vortrag in Bielefeld festgestellt, daß mit niedrigem Aufwand an Fördermitteln zusätzliche qualifizierte Arbeitsplätze geschaffen wurden. Er fragt, «sollte das eine Trendwende sein: Bauern schaffen durch ihre Kooperation wieder Arbeitsplätze?»[13] Im folgenden soll auch auf eine weniger bekannte Form des Wirtschaftens, das assoziative Wirtschaften, eingegangen werden.

## *Assoziationen – Utopie oder reale Notwendigkeit?*

Man kann sich fragen, welche Rolle das Wirtschaftsleben innerhalb der Landwirtschaft spielt. Schon 1924 wies Rudolf Steiner darauf hin, daß die Landwirtschaft «in ernstlicher Weise betroffen worden ist durch das ganze neuzeitliche Geistesleben». Er fährt fort: «Dieses hat in bezug auf seinen wirtschaftlichen Charakter zerstörerische Formen angenommen, deren zerstörerische Bedeutung von vielen Leuten heute noch kaum geahnt wird»[14].

Er betont zugleich, daß «über die Landwirtschaft nur derjenige urteilen kann, der sein Urteil vom Feld, vom Wald, von der Tierzucht hernimmt»[14]. In diesem Sinne soll hier aus langjähriger praktischer Erfahrung heraus versucht werden, den momentanen Stand der Bemühungen um assoziative Formen in der biologisch-dynamischen Landwirtschaft zu beschreiben.

In den Informationen des Demeter-Bundes, Stuttgart, über Anbau, Wirtschaftsweise und Produkte der Biologisch-Dynamischen Wirtschaftsweise heißt es: Die Produkte gelangen durch «assoziatives Zusammenwirken von Produzenten, Händlern und Konsumenten auf den Markt.» Was kann man darunter verstehen?

Zunächst stellt sich die Frage, was Wirtschaften eigentlich heißt. Ist es heute überhaupt möglich, in kleineren Einheiten – welche in das allgemeine Wirtschaftsleben eingebunden sind – eine neue Form zu entwikkeln? Wie könnte und sollte eine solche aussehen, welche Zielsetzung sollte sie haben?

Innerhalb des sozialen Organismus spielt der Bereich des Wirtschaftens neben dem Rechts- bzw. Staatsleben und dem eigentlichen Geistesleben eine zentrale Rolle. Wirtschaften geschieht nicht naturhaft von selbst, sondern muß von Menschen bewirkt und gestaltet werden.

Das Wirtschaftsleben selbst besteht aus der Erzeugung, der Verteilung und dem Verbrauch von Waren. Innerhalb der Erzeugung haben wir es mit folgenden Elementen zu tun: mit dem, was die Natur hergibt (Standort), dem, was menschliche Arbeit schafft, und dem, was durch Kapital geleistet wird. In der Landwirtschaft kann viel durch Reproduktion im eigenen Kreislauf entstehen: Eine Pflanze verwelkt, wird im Boden zu Humus, es entsteht eine neue Pflanze aus dem Samen durch Wärme, Wasser und Luft, das Tier nimmt diese Pflanze auf, hinterläßt den Dünger für den Boden, ernährt sich selbst und z. B. das Kalb – der Zyklus beginnt von neuem. Solche Lebensprozesse werden der Natur vom Menschen abgelauscht, und er gestaltet sie um in Kulturprozesse. Pflanzliche und tierische Lebensmittel entstehen. Solange diese nur für die Deckung des eigenen Bedarfs verwendet werden, erneuert sich der Kreislauf in sich, es findet die eigentliche *Urproduktion* statt. Wirtschaftlich betrachtet wird das Lebensmittel zur Ware, sobald es benötigt und an die Menschen verteilt wird, welche es ge- und verbrauchen.

Jeder Landwirt und Gärtner steht mit seiner Tätigkeit innerhalb eines der drei Bereiche von Produktion, Zirkulation und Konsum im Wirtschaftsleben. Seine Kleidung hat ein anderer für ihn gefertigt, seine Maschinen sind an einem anderen Ort gebaut usw. Jeder kann und sollte mit dem ihm möglichen Anteil von Arbeit in die obengenannten Bereiche des Wirtschaftslebens eingreifen. Das Wirtschaftsleben braucht in Selbstverwaltung *Organe*, die den tatsächlichen Bedarf und den gerechten Preis ermitteln. Solche Organe sind assoziative Zusammenschlüsse, die unter wirtschaftlichen Gesichtspunkten das Erreichen einer Harmonie von Interessen und Fähigkeiten auf der Basis von Fachkenntnis und Sachlichkeit verwirklichen sollen.

Das Wirtschaftsleben stützt sich einerseits auf die Naturgrundlage, wird aber durch Rechtsverhältnisse (Steuerrecht, Gesellschaftsrecht, Arbeitsrecht, Eigentumsrecht; siehe Teil 2, Einleitung von H. Hannessen) beeinflußt. Es ist schwer möglich, den Bereich des Rechts und den des Wirtschaftens auseinanderzuhalten, da sie fast ineinander übergehen. Wie man z. B. Arbeitszusammenhänge gestaltet, ist eine Rechtsfrage, es zu tun aber eine Frage des Wirtschaftens!

Das soll nicht heißen, daß Gesetze die Erzeugung, Verteilung und den Verbrauch regeln – wie ja heute in der Landwirtschaft europäisch üblich. Im Gegenteil: «Die Neuordnung der sozialen Verhältnisse muß auf die Menschen gebaut werden und auf die *Einsichten*, die sie sich verschaffen»[15].

In den drei Aufsätzen «Geisteswissenschaft und soziale Frage» von Rudolf Steiner[16] wird ausgeführt, wie wichtig es ist, gerade den anderen im Auge zu haben und nicht die eigenen Interessen. «Alles menschliche Elend ist lediglich eine Folge des Egoismus, und es müssen sich in einer Menschengemeinschaft ganz notwendig zu irgendeiner Zeit Elend, Armut und Not einstellen, wenn diese Gemeinschaft in irgendeiner Weise auf dem Egoismus beruht.» Auch heute ist es noch vielfach so, daß jeder nur für sich die Erträgnisse seiner Arbeit beanspruchen will. Rudolf Steiner weist durch das *Soziale Hauptgesetz* in eine andere Richtung: «Das Heil einer Gesamtheit von zusammenarbeitenden Menschen ist um so größer, je weniger der einzelne die Erträgnisse seiner Leistungen für sich beansprucht, das heißt, je mehr er von diesen Erträgnissen an seine Mitarbeiter abgibt, und je mehr seine eigenen Bedürfnisse nicht aus seinen Leistungen, sondern aus den Leistungen der anderen befriedigt werden.» Dieses Hauptgesetz gelte mit einer solchen Ausschließlichkeit und

Notwendigkeit für das soziale Leben, wie irgendein Naturgesetz in bezug auf ein Gebiet der Naturwirkungen gelte.

Jede Gemeinschaft, auch in landwirtschaftlichen oder gärtnerischen Betrieben, welche von einem «wirklichen Geist», einem tragfähigen Ideenkonzept erfüllt ist, an dem jeder Anteil nimmt und individuell beiträgt, daß man einem gemeinsamen Ziel näherkommt, trägt schon zur richtigen Richtung eines verantwortungsvollen Handelns im Sinne dieses sozialen Gesetzes bei. Zukunftstragend kann also die gemeinsame Arbeit sein, keine im alten Sinne religiös gebundene oder weltanschauliche Gemeinschaft, sondern getragen vom einzelnen für die Gesamtheit. Die Landwirtschaft mit ihren komplexen, vielfältig untereinander abhängigen Abläufen bildet hierzu ein geeignetes Übungsfeld.

## *Assoziatives Wirtschaften – gemeinsames Anliegen von Erzeugern, Verarbeitern, Händlern und Verbrauchern*

Was den eigentlichen Anbau betrifft, so werden fachliche Fragen der Landwirte und Gärtner in regelmäßig stattfindenden Treffen untereinander geklärt. Der zuständige Berater führt sowohl Einzelgespräche als auch Gruppenberatung durch. Die «Paten» eines Hofes, Kollegen mit ähnlichen Arbeitsschwerpunkten, helfen mit Rat und gelegentlich auch Tat. Auf dieser Ebene sind also anfängliche Formen der Zusammenarbeit bereits verwirklicht. Auch die Verarbeiter und Händler, welche mit biologisch-dynamisch erzeugten Lebensmitteln umgehen, sind zusammengeschlossen, in der Arbeitsgemeinschaft für Verarbeitung und Vertrieb von Demeter Erzeugnissen (AVV)[17]. Die Herausforderung, den lebhafteren Austausch zwischen diesen Gruppen und insbesondere mit den Verbrauchern in Gang zu bringen, bleibt allerdings bestehen.

Im Demeter-Bund, dem Rechts- und Vertragspartner für Erzeuger, Händler und Verarbeiter, sind auch die Verbraucher mit dabei, sogar im Vorstand. Gerade dieser Bereich des Verbrauchs und der Verbraucher stellt die große unbekannte Größe dar. Unbekannt deshalb, weil es zwar Verbrauchergruppen gibt, jedoch nur einzelne. Organisierte «Berufsverbraucher» stehen als Ansprechpartner nicht zur Verfügung, man weiß also nicht genau, welche Bedürfnisse *die* Verbraucher haben. Es kommt noch hinzu, daß der Konsument im Zeitalter der nahezu unbeschränkten

Verfügbarkeit aller Produkte wenig Neigung zeigt, seinen Bedarf verbindlich zu formulieren.

Udo Herrmannstorfer spricht zum Thema «Konsument» von vier Phasen: Zunächst ist er Träger von Bedürfnissen, anschließend wird er Käufer, um seine Bedürfnisse durch bestimmte Produkte und Leistungen zu befriedigen. In einer dritten Phase verbraucht er das gekaufte, um schließlich in die Lage versetzt zu werden, seinerseits Produzent zu werden.[5] Daraus ergibt sich die Frage: Nicht «was benötige ich, um eine bestimmte Entwicklung für mich zu erreichen?», sondern: «was braucht die Gesamtheit der Menschen?» Dadurch, daß ich in der Lage bin, einen Überschuß an Produktion über meinen Verbrauch hinaus zu erzielen und diesen für andere Menschen in der modernen arbeitsteiligen Welt zur Verfügung zu stellen, mehre ich die Wohlfahrt aller. Das produktive Wesen in uns dient in der Arbeitsteilung dann nicht mehr dem Egoismus, sondern dem Altruismus, der Selbstlosigkeit. Ich muß nicht länger arbeiten, um verbrauchen zu können, sondern trage zu der allgemeinen Wohlfahrt durch meine individuelle Tätigkeit bei. Nachfolgend sollen Versuche geschildert werden, welche zum Ziel haben, gemeinsame Formen des Wirtschaftens zu praktizieren.

Zu Beginn der 70er Jahre breiteten sich Einkaufsgemeinschaften (Food-Koops) meist in und um größere Städte in der BRD aus. Die Mitglieder wollten entweder direkt beim Bauern oder auch beim Naturkostgroßhandel einkaufen. Zwanzig bis achtzig Mitglieder pro Gruppe suchten Wege, um «billige» ökologisch erzeugte Lebensmittel zu erhalten. Zunächst meint man, hier würde sozial gehandelt, da ja einkommensschwächere Bevölkerungsgruppen mit Lebensmitteln versorgt werden. Wenn man es aber im großen Zusammenhang betrachtet, ist dies vorwiegend die egoistisch getönte erste bzw. zweite Phase des Käuferverhaltens, welche vorangehend beschrieben wurde.

Ein Kreis von Eltern und Lehrern der Freiburger Waldorfschule bildete gemeinsam mit biologisch-dynamischen Anbauern der Region den Ausgangspunkt der Initiative *Demeter-Assoziation Freiburg e. V.* Eine regelmäßige Studienarbeit an zentralen Werken über assoziatives Wirtschaften führte zum Entschluß, das gedanklich Erarbeitete auch praktisch umzusetzen. So gründeten sechzig Menschen aus den genannten Bereichen im Jahre 1972 die Demeter-Assoziation in Form eines eingetragenen Vereins. Es sollte versucht werden, die tatsächlichen Bedürfnisse aus der Sicht der Verbraucher zu artikulieren und andererseits das Warenangebot der Erzeuger zu koordinieren. Was als Markt mit einem Verkaufstag pro Woche in der Waldorfschule begann, findet dort mittlerweile täglich statt. Ohne größeren organisatorischen und finanziellen Aufwand wuchs der Verein auf 500 Mitglieder und elf biologisch-dynamische Betriebe. Die Folge ist ein intensives und neues Vertrauensverhältnis zwischen Erzeugern und Konsumenten. Daß man die Funktionen des Handels hier selbst übernimmt, liegt vielleicht an einem Negativ-Image, das der Handel hat, aber nicht verdient. Es wird durchaus die Gefährlichkeit des nicht eingegliederten Handels betont, gegen dessen zwangsläufige Auswüchse man gewappnet sein sollte.[18] Dadurch, daß nur selbsterzeugte Lebensmittel verkauft werden können, ist der Umsatz und der Marktumkreis beschränkt. Einen eigenständigen Handel gibt es hier also nicht. Man wartet noch auf den «idealen» Händler in der Freiburger Region.

In einem der größten Ballungsgebiete der BRD war man sich Anfang der 80er Jahre einig, daß man den «richtigen» Verteiler regional erzeugter Lebensmittel gefunden hatte. Einige biologisch-dynamische Betriebe standen in intensivem Austausch untereinander, dazu auch in Kontakt mit Ladnern und Verbrauchervertretern im Demeter-Bereich. Eine größere Gärtnerei mit angeschlossener Landwirtschaft hatte Verteilungsaufgaben für die Frischprodukte vorher schon stark ausgebaut und wollte diese Aufgabe in andere Hände übergeben. So half man gemeinsam mit Landwirten und Gärtnern, u. a. auch durch Bürgschaften, einem Handelsunternehmen auf die Beine. In regelmäßigen (14tägigen) Treffen besprach man Fragen des Anbaus, der Preise und des Marktes. Das Unternehmen wuchs, der Umsatz stieg. Der Umzug des bisherigen Betriebsleiters in die Zentrale des «neuen» Unternehmens erfolgte. Nach ca. 6 Jahren geht diese regionale Initiative jetzt in einen neuen Abschnitt. Ein umsatzstärkeres Unternehmen übernimmt den vormals selbständigen Großhandel. In Zukunft sollen von einem zentralen Ort aus über mehrere Auslieferungslager die Handelsaktivitäten abgewickelt werden. Die Orte des Handels sind nach Marktgesetzen frei wählbar, ganz im Gegensatz zur Landwirtschaft, die dezentral betrieben werden muß.

Beim Vergleich mit der Demeter-Assoziation in Freiburg fällt auf, daß das alte wie auch das neue Unternehmen nicht nur mit biologisch-dynamisch erzeugten Lebensmitteln handelt, sondern über ein größeres

Sortiment verfügt, welches teilweise nicht einmal aus ökologischer Erzeugung stammt.

Der Zwang zum Vollsortiment birgt einige Gefahren. So wird man in einen größeren Marktsog hineingezogen. Spezifische Marktgesetzmäßigkeiten wie Mengenabhängigkeiten, die Notwendigkeit zur Auslastung der vorhandenen Kapazitäten usw. bewirken einen Trend zu mehr Umsatz. Der Konflikt zwischen Zentralisierung und Regionalisierung ist damit vorprogrammiert.

Vielleicht kommt in Bayern eine andere Gruppierung zielstrebiger und pragmatischer dem Ziel des Interessenausgleichs der Wirtschaftsglieder näher. Anfang 1983 wurde dort in Form eines Vereins ein Anbauverband gegründet. Dieser hat als Ziel, die Forschung, Weiterentwicklung und Verbreitung ökologischer Anbaumethoden im Landbau zu fördern, aber auch die Aufklärung über gesunde Ernährungsweisen. Bemerkenswert ist, daß hier Landwirte, Gärtner, Obstbauern, Koops, Verbraucher und Verarbeiter seit 1985 mehrere kooperierende Wirtschaftsbetriebe begründet haben. Der Schwerpunkt liegt bei Milch- und Fleischprodukten. Die zahlreichen Aktivitäten begannen 1986 mit der Gründung eines Fachgeschäftes und eines Lagers unweit von München. Mehrere Läden folgten, auch eine Liefertour zu verschiedenen Verbrauchergruppen wurde eingerichtet, eine Gärtnerei, eine Planungsfirma gegründet, die Milchverarbeitung in Angriff genommen, ein eigenes Labor für Bodenuntersuchungen nahm die Arbeit auf. Viele weitere Vermarktungsinitiativen (Öko-Märkte, Verkaufsstände) bestimmen seither das Bild. Diese Initiativen sind durch privatwirtschaftliche, aber auch gemeinschaftliche Elemente bzw. Rechtsformen verbunden.[19] Hier hat ein Mäzen das notwendige Kapital bereitgestellt und gemeinsam mit in der Vermarktung erfahrenen und motivierten Menschen eine erfolgreiche Handelsaktivität ins Leben gerufen. Es haben sich ökonomisch selbständige Einheiten zusammengeschlossen, die zentral von einem Verband verwaltet werden.

## *Zusammenfassung*

Wir haben gesehen, daß bei Kooperation in landwirtschaftlichen Betrieben vielerlei Hemmnisse für deren Realisierung zu verzeichnen sind. Der Grund liegt nach Expertenmeinung in der fehlenden gesellschaftlichen

Anerkennung von Gemeinschaftsprojekten. Daß dies nicht so sein muß, beweisen Beispiele aus Holland, Frankreich und den USA. In Ausbildung, Forschung und Beratung bestehen noch gewaltige Defizite. Hier gibt es eine Fülle von dringlichen Aufgaben für die Zukunft.

Der Übergang vom kooperativen Arbeiten zum assoziativen Wirtschaften bezieht den ganzen Menschen mit ein – aus Einsicht wird hier ein anderer Weg innerhalb des Wirtschaftslebens versucht, und zwar einer, der aus dem reinen Eigennutz herausführen soll. Die moderne Arbeitsteilung bekommt ihren Sinn, gemeinsam arbeitet man für den anderen, sieht in ihm den Grund für die eigene Tätigkeit. Viele biologisch-dynamische Betriebe haben gemeinsam mit Verbrauchern und Händlern neue Schritte gemacht. So haben verschiedene Höfe ganz gezielt neben dem Aufbau und der Pflege «ihrer» individuellen Betriebe auch das soziale Umfeld, d. h. einzelne Menschen oder Gruppen, welche sich mit dem jeweiligen Ort und der Aufgabe verbinden, miteinbezogen (siehe die Kapitel über Landwirtschaftsgemeinschaften und Landbauforschungsgesellschaften).

Jeder noch so kleine Schritt und geduldiges, stetiges Bemühen um die gemeinsame zukünftige Aufgabe ist wichtig.

## *Literaturverzeichnis*

1 Agrarsoziale Gesellschaft (Hrsg.), 1988: *Wege zur Kooperation zwischen landwirtschaftlichen Betrieben durch Verbesserung der Qualifikation der Betriebsinhaber*. Göttingen.

2 *DLG-Mitteilungen:* Schwerpunkt Kooperation, 103. Jahrgang, Heft 13/88, versch. Verfasser.

3 Deerberg, Karl-Heinrich, 1986: *Wirtschaftliche Zielkonflikte in landwirtschaftlichen Kooperationen*, Diss. Kiel.

4 *Info 3 Extra,* Heft 2/88: Assoziatives Wirtschaften. Versch. Autoren, umfangreiche Literaturliste zum Thema Assoziationen, Frankfurt.

5 Herrmannstorfer, Udo u. a.: Kontrolle ist gut, Vertrauen ist besser. *Die Grüne Schlange,* Heft 87/88, Zürich.

6 Urbschat, Uwe, 1988: Über Quecksilber und den Gott der Diebe, Ärzte und Händler. *Ökomarkt* 11/88, S. 40ff., Schaafheim.

7 Ertl, Josef (Hrsg.), 1985: *Unsere Landwirtschaft – eine Zwischenbilanz.* Darin: ders.: Agrarfabriken – ist das die Zukunft? S. 309ff., Frankfurt/M.

8 Gockel, Ralph, 1988: *Informationen für Beratung und Verwaltung*. Heft 60/1988. Darin S. 2, Zitat von Börries, S. 8, 1983.

9 Schinke, Eberhard, 1988: Wie kooperieren unsere Nachbarn? *DLG-Mitteilungen*, 103. Jahrgang, Heft 13/88, S. 686ff.

10 Preuße, Thomas, 1988: Nichts ist unmöglich, nichts beständig. *DLG-Mitteilungen*, 103. Jahrgang, Heft 20/88, S. 1059ff.

11 Ziegenhorn, S., 1988: Die Schmerzgrenze für Ackerbaubetriebe. *DLG-Mitteilungen*, 103. Jahrgang, Heft 20/1988, S. 1061ff.

12 Verein zur Förderung der eigenständigen Regionalentwicklung in Hessen (VER), 1987: *Neue Wege braucht das Land*. 4. Auflage, Melsungen. Darin: Global denken – lokal handeln. S. 25ff.

13 Gödde, Hugo, und Dieter Voegelein (Hrsg.), 1988: *Für eine bäuerliche Landwirtschaft*. Darin: Horst Luley: Eigenständige Regionalentwicklung und bäuerliche Landwirtschaft. S. 157ff., Kassel.

14 Steiner, Rudolf, 1924: *Geisteswissenschaftliche Gesichtspunkte zum Gedeihen der Landwirtschaft*. 1. Vortrag, S. 25ff., 5. Auflage, Dornach 1975.

15 Boos, Roman (Hrsg.), 1957: *Landwirtschaft und Industrie*. Neuordnung des Bodenrechts als soziale Forderung der Gegenwart. Stuttgart. Darin: Hans Heinze, Vorwort, S. 8.

16 Steiner, Rudolf, 1905: *Geisteswissenschaft und soziale Frage*. 5. Auflage, Dornach 1982.

17 Schaumann, Wolfgang, 1988: *Organisation der biologisch-dynamischen Arbeit*. Forschungsring für Biologisch-Dynamische Wirtschaftsweise, Darmstadt.

18 Baumann, Siegfried, o. J.: *Demeter-Assoziation. Einleitungen zu Mitgliederversammlungen 1973–1986*. Freiburg.

19 Kreuzer, Kai, 1988: *Die Vermarktung selbst in die Hand nehmen*. Darin: Ko-ops. S. 51ff., Naturland, S. 74ff., Lauterbach.

Axel Janitzki

# Eigentum, Besitz und Nutzung in der Landwirtschaft

## Versuche eines neuen Umgangs mit Grund und Boden

«Vom Rechte, das mit uns geboren ist, von dem ist leider! nie die Frage»
*Goethe*

Für denjenigen, der in der Landwirtschaft tätig werden will, stehen praktische Fragestellungen im Vordergrund. Rechtliche Verhältnisse werden – wohl oder übel – als vorgegeben hingenommen. Wer mit juristischen Kenntnissen nicht gerade «vorbelastet» ist, wird es vielleicht vorziehen, eine solche Materie auf sich beruhen zu lassen. Manche Pachtverhältnisse oder sonstige Vereinbarungen werden zudem den Belangen einer Biologisch-Dynamischen Wirtschaftsweise nicht entgegenstehen oder können als Übergangsregelungen angesehen werden.

Eine genauere Betrachtung ist jedoch erforderlich. Verbleibt es bei Pachtverhältnissen, wird sich auf Dauer gesehen die Eigentumsfrage dennoch stellen, da den Schuldverhältnissen immer auch Eigentumsverhältnisse zugrundeliegen, ohne daß dies aus den Vereinbarungen erkennbar wird.

Unabhängig von dem Inhalt der abgeschlossenen Verträge, die möglicherweise weitgehende Verzichte auf die Ausübung der Eigentümerrechte enthalten, bleibt allein aufgrund Gesetzes die Eigentümerstellung in ihrem Kernbereich erhalten. Juristisch wird Eigentum als rechtliches Sachherrschaftsverhältnis gekennzeichnet. Der darin enthaltene Herrschaftsanspruch kann durch rechtliche Vereinbarungen, auch wenn sie diesen Tatbestand gelegentlich verdecken mögen, nicht wirksam ausgeschlossen werden (insofern schützt unsere Rechtsordnung den Eigentümer sogar «vor sich selbst») und wird auch tatsächlich vielfach nicht aufgegeben sein.

Die Eigentumsproblematik «versteckt» sich hinter Vertragsgestaltungen wie Pachtverhältnissen oder Überlassungsvereinbarungen, die scheinbar den tatsächlichen Lebensverhältnissen Genüge tun, in Wirklichkeit jedoch vorhandene Weisungsrechte des Eigentümers und Herrschaftsansprüche mit einschließen, ohne daß dies den Vertragschließenden immer bewußt ist. An Rechtsgestaltungen im Bereich einer von Weisungsrechten unabhängigen Landwirtschaft muß somit die Anforderung gestellt werden, auch die sogenannte dingliche Ebene, also auch die Eigentumssphäre mit zu umfassen.

Welche Eigentumsgestaltungen, Besitzregelungen oder Nutzungsrechte entsprechen einer Landwirtschaft, die nicht aus Eigennutz, sondern aus dem Willen betrieben wird, der Erde, den Pflanzen, den Tieren und den Menschen zu dienen?

Wie sehr insbesondere nach einem neuen Eigentumsverständnis in bezug auf Grund und Boden gesucht wird, wird erkennbar an neuen Begriffsbildungen, wie Nutzungseigentum, Treuhandeigentum, Verantwortungseigentum, wie sie in Veröffentlichungen zunehmend erscheinen.

Anhaltspunkte für ein – im Vergleich zu dem abstrakten Sachherrschaftsbegriff – differenzierteres Eigentumsverständnis können sich aus der Idee der Sozialen Dreigliederung Rudolf Steiners ergeben. In dem Aufsatz «Die Konsequenzen der Dreigliederung für Grund und Boden» (veröffentlicht in «Neuordnung des Bodenrechtes als soziale Forderung der Gegenwart», herausgegeben von Dr. R. Boos, erschienen im Forschungsring für Biologisch-Dynamische Wirtschaftsweise Darmstadt, S. 84ff.) heißt es beispielsweise: «Man versuche zu wirken in der Richtung der Dreigliederung, dann löst sich unter den geänderten Verhältnissen die Bodenfrage.»

Soziale Dreigliederung bedeutet das Bewußtwerden der Lebenstatsache, daß die Beziehungen der Menschen – auch Eigentum ist immer eine Beziehung unter Menschen – drei unterschiedliche Qualitäten beinhalten: Begegnen sich Menschen im Bereich des Geisteslebens im weitesten Sinne, so ist individuelle Freiheit das wesentliche Gestaltungsprinzip, im Rechtsleben das Prinzip der Gleichheit, im Wirtschaftsleben gilt es neue Formen der Brüderlichkeit (assoziatives Verhalten) zu entwickeln. Eigentumsrechte und die Grenzen des Eigentums lassen sich auf der Grundlage einer solchen Betrachtungsweise nicht abstrakt definieren, sondern ergeben sich aus dem Lebensbereich, in dem sich die Eigentumsfrage jeweils stellt.

Im Hinblick auf den Umgang mit Grund und Boden müssen andere Eigentumsgesetzmäßigkeiten gelten als solche, die bei Kaufvorgängen und vergleichbaren Verfügungen im wirtschaftlichen Leben und im assoziativen Zusammenwirken ihre volle Berechtigung haben. Einer nüchternen phänomenologischen Betrachtung erweisen sich Grund und Boden als nicht beliebig erzeugbare Ware, für die der «richtige» Preis auszuhandeln ist, und somit nicht als Gegenstand des Warenverkehrs oder Spekulationsobjekt. Rein logisch mag die Nicht-Waren-Eigenschaft von Grund und Boden nicht *beweisbar* sein. Grund und Boden ist ja eine der begehrtesten Waren innerhalb der bestehenden wirtschaftlichen Verhältnisse. Nur ist eine solche Handhabung nicht lebensgemäß.

Der Sozialimpuls in bezug auf Grund und Boden entstammt nicht dem Wirtschaftsleben, sondern gestaltet sich aus dem Rechtsleben. Die Beziehung eines jeden Menschen zu Grund und Boden ist ein Grundrechtsverhältnis und besteht – von Rudolf Steiner als ideal-reales Verhältnis in bezug auf den auf jeden Menschen entfallenden Bodenanteil bezeichnet – für jeden Menschen gleich. Daraus ergibt sich der Treuhandcharakter, der dem Eigentum im Grundstücksrecht zukommen sollte. Mit Inanspruchnahme von Grund und Boden ergreift der einzelne Mensch – wie individuell er auch tätig wird – einen Teil der gemeinsamen Lebensgrundlage aller Menschen und damit auch einen Anteil an der gemeinsamen Lebensaufgabe, die Erde zu gestalten.

Grund und Boden sollte ein einzelner immer nur als «Treuhänder der Menschheit» innehaben. Neue Rechtsgestaltungen in bezug auf Grund und Boden haben einerseits zu gewährleisten, daß der einzelne eigenverantwortlich, selbständig und – wenn es im Sinne der Gemeinschaft ist – auf Lebensdauer tätig werden kann, andererseits daß Verfügungsrechte nicht abstrakt bestehen, sondern sich durch wirklich verantwortliches Tätigsein konkretisieren und daraus ihre innere Berechtigung ableiten.

Es sind Rechtsformen zu entwickeln, die gewährleisten, daß «die Überleitung von Grund und Boden aus einer Person oder Personengruppe auf eine andere nicht durch Kauf oder Erbschaft, sondern durch eine Übertragung auf dem Rechtsboden bzw. aus den Prinzipien des geistigen Lebens heraus erfolgen» (Zitat R. Steiner, wie oben, S. 62f.).

Seit Begründung der biologisch-dynamischen Landwirtschaft, insbesondere seitdem zunehmend Menschen aus städtischen Zusammenhängen den Beruf des Landwirtes wählen, gibt es die Bemühung, Eigentums- und Sozialformen zu schaffen, die dieser Landwirtschaft entsprechen. Grund und Boden soll «freigekauft» oder «aus dem Erbstrom herausgenommen» werden. Der des öfteren geäußerte Gedanke, Eigentum müsse «neutralisiert» werden, oder auch der Begriff des «Nutzungseigentums» führen in diesem Zusammenhang jedoch nicht weiter.

Eigentum, Besitz und Nutzung sind unterschiedliche soziale Grundgesten, die in ihrer Unterschiedlichkeit berechtigt sind. Eigentum bedeutet eine auf Dauer ausgeübte rechtliche Verantwortlichkeit, die Bemühung um Kontinuität. Solche Verantwortlichkeit entsteht zum einen durch Menschen, die sich zu einer gemeinsamen Zielsetzung zusammenfinden, zum anderen durch aktives, gemeinsames Hinarbeiten auf diese Ziele und die ständige Prüfung ihrer Berechtigung an den Auswirkungen des eigenen Tuns im sozialen und natürlichen Umfeld.

Aus solchen Beweggründen ist eine Vielzahl gemeinnütziger Eigentumsträger in der biologisch-dynamischen Landwirtschaft entstanden und in der Entstehung begriffen. Es handelt sich um gemeinnützige Gesellschaften oder Vereine, deren Gesellschafter und Mitglieder die beteiligten Landwirte sind, aber auch um Menschen, die an der Gestaltung der landwirtschaftlichen Individualität verantwortlich mitwirken wollen. Durch die Übertragung des Eigentums auf juristische Personen oder Personengesamtheiten kann bei entsprechender Satzung oder Vertragsgestaltung gewährleistet werden, daß private Verfügungen oder andere den gemeinsamen Zielen widersprechende Handlungen unterbleiben.

Einengungen durch das geltende Vereinsrecht und das damit verbundene «Vereinsleben» werden in diesem Zusammenhang oft zu Unrecht befürchtet. Die Rechtsform des Vereins bietet nahezu uneingeschränkte Gestaltungsfreiheiten, die nicht immer wahrgenommen werden, da der Gesetzgeber im Vereinsrecht bestimmte Verhaltensweisen vorzugeben scheint. Dies trifft jedoch nicht zu, da die gesetzlichen Vorgaben – bis auf wenige Formalvorschriften – dispositiv sind, also von den Beteiligten so gestaltet werden können, wie sie es selbst wollen.

In den Vereinssatzungen kann beispielsweise das hierarchische System, bestehend aus Mitgliederversammlung und Vorstand, ersetzt werden durch frei zu wählende oder sich selbst ergänzende Organe, wie Kollegien, Arbeitskollegien, Konferenzen und dergleichen. Anstelle oft lebensfremder Mehrheitsentscheidungen kann das Konsensprinzip vorgesehen werden.

Eigentumsübertragungen und Ausgestaltungen der Rechtsformen bewirken jedoch an sich noch keine neue soziale Substanz, keine Konkretisierung der Eigentumsverhältnisse. Eine neue Eigentumsqualität entsteht, wenn der neue Eigentumsträger nicht nur das Einzelinteresse durch einen Gruppenegoismus ersetzt, sondern die Aufgabe als Treuhänder der mit den Hofzusammenhängen verbundenen Kräfte und Möglichkeiten der Pflanzen, Tiere und Menschen des Hofes und des Umkreises bewußt ergreift. Die geeignete Rechtsform ist Voraussetzung für die Entstehung eines neuen sozialen Lebens in Hofzusammenhängen, noch nicht das neue soziale Leben selbst.

Gerade auf die Vielfältigkeit der Ausgestaltung der Rechtsträger in der Landwirtschaft kommt es bei einem aus dem Treuhandgedanken entwickelten Eigentumsverständnis an, da die Verantwortung für Grund und Boden auf Menschen übertragen wird, die konkret tätig sind und nicht nur eine abstrakte Sachherrschaft ausüben. Die beteiligten Menschen werden jeweils eigene Schwerpunkte setzen, eigene Methoden erfinden, originäre Zielsetzungen formulieren, um sich auf diese Weise konkret und verantwortlich mit Grund und Boden zu verbinden.

Eine gemeinsame Eigentumsträgerschaft für eine Vielzahl von biologisch-dynamischen Hofzusammenhängen hätte darum nur den Anschein der Praktikabilität, würde jedoch die Bildung der sozialen Substanz verhindern, aus der die Berechtigung für Eigentum an Grund und Boden folgt: Erkennen der Unverwechselbarkeit eines Natur- und Sozialzusammenhanges und der sich hieraus ergebenden Anforderungen. Als eine dieser Anforderungen kann man ansehen, die angemessene Anzahl von Menschen mit dem Hof zu verbinden innerhalb des Eigentumsträgers, der Betriebsgemeinschaft und der Landwirtschaftsgemeinschaft, die in freier Initiative Verantwortung übernehmen wollen. Aus diesen Gründen scheint es förderlich, für jeden Hof eine eigene Trägerschaft und deren individuelle rechtliche wie inhaltliche Gestaltung zu entwickeln. Daß auch andere Modelle denkbar, andere Wege gangbar sind, ist damit nicht in Abrede gestellt.

Die Vielfältigkeit und individuelle Weiterentwicklung der Strukturen und Zielsetzungen sind von wesentlicher Bedeutung für die Anerkennung der Gemeinnützigkeit, die ermöglicht, daß Zuwendungen (Schenkungsgelder) über gemeinnützige Stiftungen und Treuhandstellen für die Landwirtschaft aufgebracht werden können. Manchem Finanzamt wird die Anerkennung gemeinnütziger Körperschaften und Gesellschaften in der Landwirtschaft schwerfallen, so unzweifelhaft erscheint bisher der erwerbswirtschaftliche Charakter der Landwirtschaft und der Umgang mit Grund und Boden.

In den Satzungen und Verträgen der gemeinnützigen Träger ist darum zu beschreiben, welche Ziele erreicht werden sollen und wie dies geschehen kann. Bei aller Verschiedenheit dieser Beschreibungen sind Erkenntnis- und Forschungsarbeit an Grundlagen der biologisch-dynamischen Landwirtschaft, Landschaftspflege und Landschaftsgestaltung gemeinsamer wesentlicher Bestandteil der Tätigkeit dieser Einrichtungen. Es handelt sich dabei um eine nicht institutionalisierte und praxisorientierte Erkenntnisbemühung, die sich beispielsweise aus den Anforderungen des «Landwirtschaftlichen Kurses» als Notwendigkeit und Besonderheit der biologisch-dynamischen Landwirtschaft ergibt. Die Angaben Rudolf Steiners zu einer solchen Landwirtschaft enthalten im einzelnen keine Handlungsanweisungen, Anbaupläne und dergleichen. Der einzelne Landwirt in der biologisch-dynamischen Landwirtschaft ist zusammen mit seinen Berufskollegen und dem zuständigen Berater und den innerhalb des Rechtsträgers verbundenen Personen darauf angewiesen, die methodischen Grundlagen der Landwirtschaft auf seinem Hof geisteswissenschaftlich zu erarbeiten und selbst und mit den anderen Beteiligten auszugestalten.

Nach der Satzung einer Landbau-Forschungsgesellschaft (1969) sind «Gegenstand der Forschungstätigkeit der Gesellschaft die sozialen, kulturellen und betriebs- und volkswirtschaftlichen Grundlagen für den Betrieb in sich geschlossener bäuerlicher Betriebsindividualitäten, sowie die Bedingungen dieser Landwirtschaft selbst».

Voraussetzung ist – sofern nicht besondere Gegebenheiten vorliegen, etwa der Anteil der gemeinnützigen Tätigkeit insgesamt überwiegt – jeweils, daß der gemeinnützige Eigentümer die Landwirtschaft nicht selbst betreibt, weil ihm dies «ein wirtschaftliches, überwiegend nicht gemeinnütziges Gepräge gäbe» (aus einem Bescheid 1986). Der gemeinnützige Träger ermöglicht die biologisch-dynamische Landwirtschaft, die wiederum die Praxisfelder seiner Tätigkeit (Forschung, Sozialarbeit, Ausbildung usw.) darstellt.

Wird dies nicht deutlich genug zum Ausdruck gebracht, entstehen nicht unerhebliche Mißverständnisse, wie z. B. aus einem Bescheid eines Finanzamtes aus dem Jahr 1981 ersichtlich:

«Es ist nicht einzusehen, warum ein Bauernhof, der nach irgendwelchen Theorien und irgendeiner sozialen Vorstellung bewirtschaftet wird und der noch dazu dient, als Lehrlingshof angehende Landwirte auszubilden, einen dem ‹allgemeinen Besten› dienenden Zweck verfolgen sollte.»

In Gesprächen kann dann verdeutlicht werden, daß die Arbeit an der zu konkretisierenden Gestalt eines individuellen Hofzusammenhanges mit «irgendwelchen Theorien» nichts zu tun hat, sondern wirklichkeitsnah und erforderlich ist, um zu einer neuen Lebendigkeit der Landwirtschaft zu gelangen. Nicht planloser Raubbau an den Kräften der Erde kann vernünftige «Praxis» sein, sondern eine Landwirtschaft in einem weiteren Sinne, die *auch* dazu führt, daß die Erde dem Menschen die erforderlichen Nahrungsmittel schenkt.

Die Betrachtung der Landwirtschaft als Menschheitsaufgabe bezieht den Menschen in die Tätigkeit mit ein. Daraus ergeben sich therapeutische Arbeitsbereiche. Auch insofern sind die Zielsetzungen nicht ohne weiteres nachvollziehbar zu machen. In einem Bescheid aus dem Jahre 1980 heißt es beispielsweise:

«Die Unterbringung und Mitarbeit einiger sozial gefährdeter betriebsfremder Jugendlicher auf dem Hof genügt nicht, um eine unmittelbare gemeinnützige Zweckbestimmung annehmen zu können.»

Auch hier bedarf es der Gespräche und eines Verständnisses aus den inneren Anliegen der biologisch-dynamischen Landwirtschaft selbst. Zu dem Hof gehören Menschen, die aufgenommen werden, auch wenn und häufig gerade weil sie krank oder sozial gefährdet sind. Sie prägen die landwirtschaftliche Individualität mit. Die Ganzheitlichkeit der Landwirtschaft wird zum Mittel der Therapie. Damit ist eine solche Landwirtschaft Therapie, die durch betreuende Maßnahmen ergänzt werden kann.

Vergleichbare Gesichtspunkte gelten für pädagogische Arbeitsbereiche. In der Waldorfpädagogik etwa wird die gleichmäßige Heranbildung von Gedanken-, Gefühls- und Willenskräften angestrebt. Das ist ohne echte Möglichkeiten zu praktischer Betätigung nicht durchführbar, mit der Folge, daß zunehmend enge Verbindungen zwischen Höfen und

Schulen entstehen. Die wechselseitige Durchdringung von Pädagogik und Landwirtschaft entsteht somit ganz aus dem Leben; sie ist nicht ideell «aufgesetzt» oder unwesentlicher Nebenzweck.

Welche Aufgaben auch immer gemeinnützige Träger in der Landwirtschaft ergreifen – Ausbildung und berufliche Fortbildung gehören dazu –, es geht den Beteiligten um die Suche nach neuen Bildern einer nicht erwerbswirtschaftlichen Landwirtschaft und deren ansatzweise Verwirklichung. Wird dies erkennbar, so ist – wie in allen bekannten Fällen geschehen – die Gemeinnützigkeit zuerkannt worden.

Die Überlassung von Grund und Boden zur Bewirtschaftung an eine Betriebsgemeinschaft steht den mit der gemeinnützigen Trägerschaft verbundenen Zielsetzungen nicht entgegen. Es werden Vereinbarungen über die Nutzungsüberlassung oder Kooperationsverträge abzuschließen sein, die – zumal die Landwirte in den Eigentümereinrichtungen vertreten sein werden – die Gemeinsamkeit der Anliegen gewährleisten. Das Betreiben der Landwirtschaft ist Grundlage und Voraussetzung der gemeinnützigen Tätigkeit, somit nicht «unschädlicher Nebenbetrieb» oder «Vermögensverwaltung» und erfolgt nicht weisungsgebunden. Erkenntnisarbeit und praktischer Vollzug bedingen sich gegenseitig, wenn die zu bildende landwirtschaftliche Individualität den Beteiligten ein gemeinsamer Orientierungsmaßstab bleibt und als gemeinsame Grundlage der Vereinbarungen angesehen wird.

Die Spannbreite einer solchen Landwirtschaft, die Neuentwicklung einer Landwirtschaft aus originären Zielbildern und nicht allein aus wirtschaftlicher Notwendigkeit macht einen sozialen Umkreis erforderlich, der diese Tätigkeit in aller Verbindlichkeit und dem gegenwärtigen Bewußtsein der Mitverantwortung trägt. Dies kann durch das Bilden von Landwirtschaftsgemeinschaften geschehen. Stiftungen, Spendengelder, Fördergemeinschaften sind erforderlich zur Begründung der gemeinnützigen Trägerschaft, zur Herauslösung von Grund und Boden aus der Individualeigentumssphäre, zur Begründung einer selbstgewählten treuhänderischen Bindung.

Die Mitglieder der Landwirtschaftsgemeinschaften finanzieren das landwirtschaftliche Haushaltsjahr vor und stehen als unmittelbar Mitbeteiligte für das Ergebnis – in einer für sie überschaubaren Größenordnung – ein. Sie sind nicht Spender, fördernde Mitglieder und dergleichen, sie ver«leihen» Kapital entsprechend dem Rechtsgedanken des

§ 603 BGB, wie es dem Zweck der «Gebrauchsüberlassung» entspricht, mit dem Risiko einer (begrenzten) Verlustbeteiligung.

Die Mitglieder der Landwirtschaftsgemeinschaften, deren Zahl sich aus einem ideal-realen Bodenanteil eines jeden Menschen, also aus der Größe des jeweiligen landwirtschaftlichen Betriebes ergibt – ein Morgen Land mag ein Anhaltspunkt für den auf einen Menschen entfallenden Anteil sein –, sind nicht Darlehnsgeber, sondern Mitunternehmer, Mitbesitzer in Abgrenzung dieser Grundgeste zu der der geschilderten Eigentumssphäre.

Vielen Menschen wird zunehmend bewußt, daß ein ganz neues Denken, ein anderes Bild des Menschen, seiner Ziele und seiner Verantwortung für das Weltgeschehen erforderlich ist, um die Erde für den Menschen bewohnbar zu erhalten. Ein neues Bewußtsein dieser Verantwortlichkeit für das Leben und neue Verhaltensweisen und Willensintentionen werden auch neue Rechtsformen bedingen, die weniger starr und abschließend als die bisherigen, sondern beweglicher und offener für Lebensvorgänge sind und geeignet, von den Beteiligten aus dem Sinn ihrer Tätigkeit im Vollzuge ihrer Arbeit weiterentwickelt zu werden.

Wenn sich in einem landwirtschaftlichen Sozialorganismus Eigentum, Besitz und Nutzung in einer neuen Weise bilden und sich gegenseitig durchdringen, wird die Landwirtschaft durch die Verbindung von Menschen mit dem landwirtschaftlichen Geschehen eine neue Lebendigkeit entfalten. Zugleich wird ein Beitrag, der vielleicht beispielhaft auch für andere Lebensbereiche sein könnte, zu einem neuen Umgang mit Grund und Boden geleistet.

Albert Fink

# Die Landwirtschaft und die Geldfrage

Täglich hören, lesen und erfahren wir von den materiellen, seelischen und geistigen Nöten der Landwirte. Sie verbergen sich hinter Schlagworten wie Vernichtung der bäuerlichen Sozialstruktur auf dem Lande, Höfesterben, Überproduktion, Intensivierung, Anstieg der Lohnkosten, dadurch Arbeitskräftemangel und vieles andere. Dazu sei ein Beispiel aus dem Leben geschildert, das sich vertausendfachen ließe.

Ein Landwirt erzählt eindrucksvoll, wie er und sein Vater ihren Hof nach dem Kriege auf die technisch-industrielle Arbeitsweise der modernen Landwirtschaft umstellten. Sie konzentrierten sich auf Masttierhaltung und Milchwirtschaft. Heute hat der Betrieb mit dem Hof der frühen fünfziger Jahre kaum noch Ähnlichkeit. Große Wirtschaftsgebäude, Siloanlagen und ein voll mechanisierter Stallbetrieb beherrschen den Hof. Da, wo in den fünfziger Jahren noch 15 Menschen lebten und arbeiteten, ist heute ein älteres Landwirtehepaar mit einem Gehilfen tätig. Wohngebäude verfallen oder sind Betriebsgebäuden gewichen, Hecken, Bäume, Wege mußten dem rationell arbeitenden Großgerät Platz machen. Das Leben in den Naturzusammenhängen und im Jahreslauf mit Sonne, Regen, Wind und Wetter tritt im Umgang mit maschinelltechnisch orientierten Betriebsabläufen mehr und mehr zurück. Das alles ist mit Hilfe und durch Beratung landwirtschaftlicher Experten, der Landwirtschaftskammern, der Verbände und Genossenschaften sowie Banken entstanden. Das schwere Arbeitsleben auf dem Hof sollte leichter werden, und es ist es geworden. Vor allem waren die Wirtschaftlichkeits- und Rentabilitätsberechnungen bestechend, die zwar steigenden Sachaufwand und Fremdkosten, aber wesentlich reduzierte Personalkosten bei höheren Umsätzen und zunehmender Kapitalrendite aufzeigten.

Kredite für die umfangreichen Investitionen wurden durch Banken bereitwillig zur Verfügung gestellt. Aus einem schuldenfreien Hof wurde ein verschuldeter und im Laufe der Zeit ein sog. Grenzbetrieb, der vor der Entscheidung steht, aufzugeben oder unter äußerst schwierigen wirtschaftlichen Bedingungen, möglicherweise nur noch befristete Zeit, weiterzuarbeiten. Der Landwirt lebt in dem Gefühl, den Hof zerstört zu haben, der ein unwirtlicher Ort geworden ist, auf dem seine Kinder nicht mehr leben wollen. So empfindet er sich geistig entwurzelt, nicht mehr als Bauer, sondern als technischer Erfüllungsgehilfe und Rad in einer großen Maschinerie. Mehr oder weniger bewußt empfindet er sich als Opfer der Folgen eines sich nur auf die materiellen Prozesse stützenden Denkens, das die Naturvorgänge nicht mehr in ihren ganzheitlichen, komplexen Beziehungen, sondern als chemisch-physikalisches System anschaut. Der landwirtschaftliche Betrieb wird dabei als eine rechenbare, steuerbare Produktionseinheit gedacht, durch die der Hof als ein Wirklichkeitszusammenhang aus dem Bewußtsein verschwindet. So wird das Denken und Handeln des Landwirtes durch «wissenschaftlich gesicherte» und von daher bestimmte Arbeitsweisen und nach rein marktwirtschaftlichen Gesichtspunkten gelenkt; anders ausgedrückt: der Landwirt wird zum fremdbestimmten Werkzeug eines nur nach Zweck-Nutzen-Gesichtspunkten arbeitenden Systems, der mit seiner Arbeit weder in den Naturzusammenhängen noch in einem sozialen Umfeld steht. Dadurch ist notwendigerweise eine alte Willenskultur und ein Fähigkeitenstrom, der den Landwirt über Jahrhunderte mit einer instinktiven Sicherheit ausstattete, versiegt.

Wenn man diese und ähnliche Beobachtungen und Überlegungen anstellt, kommt man mitunter dazu, anzuerkennen, daß die innere Not der Betroffenen viel schwerer wiegt als der Verlust an materieller Lebenssicherheit. Gelegentlich liest oder hört man, es komme mehr auf die innere Wende, das Umdenken, die Verhaltensänderung an als auf das Ersinnen und Einführen neuer Ordnungssysteme, Programme oder wirtschaftlicher Fördermaßnahmen. Doch erweist es sich als sehr schwierig, zu wirklich tragfähigen und lebensvollen Gedanken und Ideen vorzudringen, mit deren Hilfe die bedrückenden und lebensvernichtenden Verhältnisse in heilsamere umgestaltet werden könnten. Der Zweifel an der Kraft lebensfördernder Ideen ist groß, das Vertrauen in die Bereitschaft der anderen zur Zusammenarbeit gering und die Willenslähmung so ausgeprägt, daß nur wenige sich aufraffen, um die Apathie und Resignation zu durchbrechen.

Im folgenden soll nun versucht werden, einen besonderen Aspekt der geschilderten Schwierigkeiten ins Auge zu fassen: Es sind die eigenartigen und im höchsten Maße widersprüchlichen Verhaltensweisen, die sich im Umgang mit Geld und Kapital in unserer heutigen Zivilisation zeigen. Unter diesem Aspekt darf wohl gesagt werden, daß die materiellen, seelischen und geistigen Nöte, in die sich der erwähnte Landwirt gestellt sieht, mit den Formen zusammenhängen, wie wir heute mit Geld und Kapital umgehen. Noch der Vater des besagten Landwirtes hatte ein völlig andersartiges Kapital- und Geldverständnis als der Sohn. Für ihn war der Hof weniger eine in Geld meßbare Größe, die man mit Krediten beleihen konnte, als vielmehr etwas Wesenhaftes, eine Lebens-, Arbeits- und Kulturgrundlage. Daher wurde er auch kaum als ein Gegenstand des Kaufens, Verkaufens, Beleihens oder Bewertens in Geld angesehen. Die Gelderträge aus der Bewirtschaftung des Hofes hatten nicht die Bedeutung wie heute bei seinem Sohn. In erster Linie war der Hof die wirtschaftliche Grundlage für eine bestimmte Anzahl von Menschen, die auf dem Hof lebten und arbeiteten. Wirtschaftliche Grundlage waren die Nahrung, die Wohnung, das gesamte Hauswirtschaftswesen, das viel mehr umfaßte als heute üblich, z. B. viele Bereiche der Weiterverarbeitung, Kleintierhaltung, Kinder-, Alten- und Krankenbetreuung und -pflege, soziale Dienste, Nachbarschaftshilfe usw. Viele handwerkliche Tätigkeiten wurden auf dem Hof durchgeführt und kleine Werkstätten unterhalten. Das Geld diente als Mittel, Bedürfnisse zu decken, die über die Grundbedürfnisse hinausgingen. Zukäufe für den landwirtschaftlichen Betrieb gab es nur in Form von Maschineninvestitionen. Daher war der Geldbedarf verglichen mit den heutigen Gegebenheiten des Hofes wesentlich geringer. Nichtsdestoweniger war der Hof ein Lebens-, Arbeits-, Ausbildungs- und Kulturzentrum.

Zu Recht läßt sich einwenden, daß solche Zustände heute aus vielen Gründen nicht wieder herbeigeführt werden können noch wünschenswert wären. Die Zeitnotwendigkeiten, das Lebensgefühl, die zivilisatorischen und kulturellen Ansprüche der Menschen sind ganz andere geworden. Dennoch bleibt das Empfinden, das sehr stark beim Sohn des alten Bauern vorherrscht: wir haben etwas falsch gemacht und in unserem technisch-ökonomischen Fortschrittsglauben die Grundlagen des wirtschaftlichen Lebens zu sehr aus dem Blick verloren. Waren nicht in den alten Lebensformen doch Elemente vorhanden, an die wir anknüpfen könnten, und müßten wir nicht neben der notwendigen arbeitsteiligen Wirtschaft wieder neue zeitgemäße Formen der Haus- und Sozialwirtschaft entwickeln?

Geld, Kapital und Vermögen lösen sich heute immer mehr von den konkreten Leistungen und Hervorbringungen der Menschen. Sie sind in einem solchen Ausmaß selbst zu Gütern, Waren und Werten geworden, daß dadurch große Bereiche der wirtschaftlichen Produktion, Konsumption und Güterverteilung nach sach- und lebensfremden Gesichtspunkten betrieben werden, d. h. nach solchen der Kapitalmehrung und Gewinnmaximierung. Das schlägt sich nieder bis in die einzelnen sozialen Verhältnisse, z. B. in dem Schicksal des besagten Landwirtes, der sich auch als Opfer einer einseitigen Geldwirtschaft empfindet, die nur Kapitalrenditen, Produktivität und Kosten-Nutzen-Rechnungen kennt.

Ein weiterer Aspekt, der bei der Betrachtung der Krisenentstehung und Bewältigung der Probleme zu berücksichtigen ist, soll ins Auge gefaßt werden. Es handelt sich um eine soziale Gesetzmäßigkeit, die Rudolf Steiner als «Soziologisches Grundgesetz» bezeichnet und wie folgt formuliert hat:

«Die Menschheit strebt am Anfange der Kulturzustände nach Entstehung sozialer Verbände; dem Interesse dieser Verbände wird zunächst das Interesse des Individuums geopfert; die weitere Entwicklung führt zur Befreiung des Individuums von dem Interesse der Verbände und zur freien Entfaltung der Bedürfnisse und Kräfte des einzelnen. ... Der Staat und die Gesellschaft, die sich als Selbstzweck ansehen, müssen die Herrschaft über das Individuum anstreben, gleichgültig, wie diese Herrschaft ausgeübt wird, ob auf absolutistische, konstitutionelle oder republikanische Weise. Sieht sich der Staat nicht mehr als Selbstzweck an, sondern als Mittel, so wird er sein Herrschaftsprinzip auch nicht mehr betonen. Er wird sich so einrichten, daß der einzelne in größtmöglicher Weise zur Geltung kommt. Sein Ideal wird die Herrschaftslosigkeit sein. Er wird eine Gemeinschaft sein, die für sich gar nichts, für den einzelnen alles will» (Rudolf Steiner, Freiheit und Gesellschaft, GA 31, 1966, S. 255 f.).

Die Konsequenzen einer solchen Gesetzmäßigkeit sind im praktischen Leben nicht leicht zu ziehen, ist es doch noch ganz durchsetzt von Lebensgewohnheiten, Verhaltensweisen und Denkformen, die diesem Gesetz widersprechen. Wir haben zwar ein recht freiheitliches Grundgesetz, das der Würde des Menschen, seinem Gewissen und seiner Freiheit, mit seinen Mitbürgern das soziale Leben nach seinem Bilde zu gestalten, einen hohen Rang einräumt. Nichtsdestoweniger bestimmen staatliche Organe, Parteien, Interessenverbände und andere Organisationen weitgehend das gesellschaftliche Leben. Obgleich es töricht wäre, zu fordern, alle Verbände einfach abzuschaffen, ist es nicht zu übersehen, daß die Verbände, die dem einzelnen die Kriterien seines Handelns auferlegen, immer weniger durch Weisheit, Vernunft und Menschlichkeit geprägt sind. In Abwesenheit wirklich tragfähiger, die Menschen im Innersten ergreifender Ideen, Impulse und Leitbilder greifen sie immer mehr zu solchen Maßnahmen und Handlungsweisen, die den einzelnen Menschen in seinen inneren Bestrebungen und Idealen mißachten und diese sogar verletzen. Unser gesamtes gesellschaftliches Leben ist daher noch geprägt durch die Herrschaft der Verbände und Institutionen über die Individuen.

Welche Folgerungen lassen sich für die Landwirtschaft und für die Bildung neuer Umgangsformen mit Geld und Kapital aus dem Geschilderten ziehen?

Die geistigen und sozialen Quellen, aus denen in der Vergangenheit Hoforganismen und lebendige Landschaftszusammenhänge gestaltet werden konnten, sind versiegt. An die Stelle der alten instinktiven Ordnungen und Theokratien sind moderne Formen der Unterordnung, z. B. unter die Autorität der Wissenschaft, die Gewalt der manipulierten öffentlichen Meinung, Parteiprogramme, Konfessionen und Weltanschauungen, getreten. An die Stelle der Natur, in die sich der Mensch als seelisch-geistig-physisches Wesen eingebettet fühlte, tritt das ausbeutbare Produktionsmittel und begrenzte Rohstoffreservoir. An die Stelle des sich selbst tragenden Hoforganismus tritt der nach wissenschaftlich-technischen und ökonomischen Kriterien geführte Hof, der den Landwirt zum Erfüllungsgehilfen macht, abhängig von den Bedingungen der betriebswirtschaftlichen Ratio und des Marktes.

Die Fähigkeit, soziale Gebilde aus Gruppenweisheit oder Tradition des Bauerntums zu schaffen, ist endgültig verloren. Der Landwirt ist auf die Einsichten, die moralischen Impulse und die Fähigkeiten angewiesen, die er sich als Individuum aus seinem innersten Menschenwesen neu schafft. Die biologisch-dynamische Landwirtschaft beruht auf einer solchen Arbeitsweise; der einzelne tätige Landwirt versucht dabei seine seelisch-geistigen Kräfte im arbeitenden Umgang mit der Natur so zu entwickeln, daß die Lebenszusammenhänge in Boden, Pflanze, Tier und Mensch erneuert werden. Durch solche Bemühungen können neue landwirtschaftliche Hoforganismen entstehen, die dann auch die Grundlage für die Gestaltung neuer sozialer Zusammenhänge werden können. Wenn wir nicht anerkennen, daß jeder einzelne Mensch unabhängig von Volks- und Gruppenhaftigkeiten in sich die Erkenntnis- und Handlungskräfte entwickeln kann, die zur Heilung der zerstückelten, ersterbenden Landschaften und Höfe führen, scheint jede Hoffnung auf Verbesserung der Verhältnisse eitel. Dem allgemeinen Bewußtsein ist es zwar bekannt, daß die heutige Naturwissenschaft die seelisch-geistigen Kräfte des Menschen nicht berücksichtigt. Das bewirkt allerdings kaum eine Veränderung der Arbeitsweisen und Lebenspraxis in der Landwirtschaft. Gleichermaßen berücksichtigen aber auch eine Zurück-zur-Natur-Bewegung und das Vertrauen in die Selbstheilungskräfte der Natur den Menschen nicht. Sie haben wie die Naturwissenschaft den Menschen als maßgebliches Gestaltungselement ebenfalls aus den Naturzusammenhängen verbannt.

Der Gedanke des «soziologischen Grundgesetzes» und die Idee der menschengeschaffenen landwirtschaftlichen Individualität haben einen inneren Zusammenhang. Ebenso wie es dem nur technisch-ökonomisch denkenden Menschen als Paradoxie erscheinen muß, daß der individuelle Mensch aus seinem eigenen Inneren Gemeinschaftsfähigkeit entwikkeln und mit den anderen Individuen Gemeinschaft bilden kann, so mag es dem materialistisch denkenden Naturwissenschaftler unsinnig erscheinen, daß der Mensch die Naturgestaltung und -kräfte individualisieren, d. h. durch eigene Einsichten und Kräfte neu schaffen kann. Aber selbst wenn es nun eine ausreichende Anzahl von Menschen gäbe, die in sich durch die Aktivierung ihrer Denk-, Empfindungs- und Willenskräfte die Ideen des soziologischen Grundgesetzes und der landwirtschaftlichen Individualität erkennen, erfühlen und in Handlungsantriebe umsetzen würden, beständen noch unsere die gesellschaftlichen und sozialen Lebensformen bestimmenden Verhaltensweisen im Umgang mit Geld und Kapital. Sie haben dazu geführt, daß die rechtlichen und wirtschaftlichen Vorgänge eine Welt eigener Gesetzmäßigkeiten bilden, die sich der Gestaltung durch die Individuen zu entziehen scheint. Neben der Aktivierung der menschlichen Geistes- und Seelenkräfte bedarf es daher auch der Entwicklung neuer gesellschaftsbildender Sozialtechniken, die die sozialen Medien Recht und Geld wieder mit den Einsichten, Intentionen und Impulsen von Menschengemeinschaften verbinden.

So haben die modernen Arbeitsweisen dazu geführt, daß Grund und Boden zum Handels- und Ausbeutungsobjekt wurden. Ihrem Wesen nach ist aber die Betriebsindividualität nicht mit einem Grund und Boden vereinbar, der wie eine Ware verkäuflich, beleihbar ist und dadurch seiner Bestimmung entzogen werden kann. Er ist vielmehr die natürliche, seelische und geistige Lebensgrundlage für Pflanzen, Tiere und Menschen und als individualisierte Hofgestalt nicht Gegenstand des Marktes, Tauschobjekt oder ähnliches.

Unter diesen Gesichtspunkten entsteht die Frage, wie in einer sachgemäßen Weise der Geld- und Kapitalverkehr durch soziale Einrichtungen so gehandhabt werden kann, daß Grund und Boden nicht Gegenstand der Kapitalansammlung bleibt, sondern Kapital in Grund und Boden aufgeht. Der volkswirtschaftliche Wert besteht nicht im abstrakten Geldwert, sondern in dem Vermögen, neue Lebensvorgänge zu erzeugen. Auf diese Weise kann das abstrakte Medium Kapital zu einem Ende kommen und in einem lebendigen, natürlichen und sozialen Zusammenhang neues Leben erlangen. Die praktischen Maßnahmen, die im Lichte einer solchen Einsicht durchzuführen wären, beständen darin, Grund und Boden zu entschulden, für entstehende Hoforganismen freizukaufen und aus dem Erb-, Waren- und Geldstrom durch sachgemäße Eigentums- und Besitzformen allmählich herauszulösen. Auf die einzelnen rechtlichen Ausgestaltungen und Techniken soll hier nicht im Detail eingegangen werden. Sie sind in anderen Kapiteln dieses Buches beschrieben. An dieser Stelle soll nur auf die inneren Zusammenhänge hingewiesen werden, in denen die Idee der landwirtschaftlichen Individualität und eine neue Gestaltung des Boden- und Kapitaleigentums einerseits und der Umgang mit Geld und Kapital andererseits stehen.

Neben der wissenschaftlichen und erkenntnismäßigen Durchdringung der Ideen der landwirtschaftlichen Individualität, des landwirtschaftlichen Organismus und dem Entwickeln einer neuen Lebenspraxis im Lichte dieser Ideen wird es daher immer mehr erforderlich werden, ein neues Verständnis für Kapital in Verbindung mit landwirtschaftlichen

Betrieben zu entwickeln. Ohne die Einsicht, daß renditeloses Kapital für die Entstehung und Erhaltung von Hoforganismen bereitgestellt werden muß, und ohne den Vollzug dieser Einsicht werden alle Bemühungen um die Entwicklung einer neuen Landwirtschaft hinter den Zeiterfordernissen zurückbleiben. Mit anderen Worten, es bedarf der Banken oder bankähnlicher Einrichtungen, mit deren Hilfe der Kapital- und Geldstau in Grund und Boden als Geld- und Vermögenswertanlage verwandelt wird. Der Kapitalbildungsprozeß in Form der Akkumulation von Geldwerten in Grund und Boden muß an ein Ende kommen. Er wäre dann fruchtbar, wenn das Kapital zum Aufbau von Lebens- und Kulturzentren auf dem Lande verbraucht würde, die eine fortwährende Grundlage für die physische, seelische und geistige Existenz und Entwicklung der Menschen bilden können.

Darüber hinaus wird durch die wirtschaftlichen Krisen der Landwirtschaft eine weitere Lebensnotwendigkeit immer deutlicher ins Bewußtsein treten müssen. Eine nach biologisch-dynamischen Gesichtspunkten gestaltete Landwirtschaft beinhaltet in umfassender Weise ökologische, kulturelle und soziale Zusammenhänge. Eine einseitig nur nach Kosten-Nutzen-Betrachtungen ausgerichtete Betriebswirtschaft würde ihrer gesamthaften Arbeitsweise widersprechen. Viele Betriebe, die umgestellt werden sollen, werden gerade in der Umstellungsphase wirtschaftliche Hilfe brauchen, bis sich eine neue Produktivität einstellt. Wenn die Landwirtschaft die Lebens-, Arbeits-, Wirtschafts- und Nahrungsgrundlage für alle bereitstellt, aber nicht als Ergebnis eines Programmes oder einer Verordnung, sondern durch individuelle Erkenntnis- und Arbeitsbemühungen, so geht Landwirtschaft jeden einzelnen Menschen an. Sie kann, wenn sie in umfassender Weise aufgefaßt wird, in einem bestimmten Gebiet die wirtschaftliche Grundlage der dort lebenden Menschen bilden, die dann die wirtschaftliche Verantwortung für die Hervorbringung der Urproduktion zusammen mit den Landwirten übernehmen können.

Eine solche Einsicht und Lebenshaltung verbietet es, dem Landwirt das wirtschaftliche Risiko allein zu überlassen. Die wirtschaftliche Verantwortung für das Hervorbringen der Urproduktion liegt dann bei allen Menschen eines bestimmten Gebietes und nicht nur beim einzelnen Bauern. Es haben in diesem Sinne an mehreren Orten Menschen mit Hilfe der Bochumer Bankeinrichtungen begonnen, sich zu Landwirtschaftsgemeinschaften zusammenzuschließen. Sie stellen dabei in der unterschiedlichsten Weise Leihkapital zur Verfügung, um so dazu beizutragen, daß die Urproduktion auf Dauer möglich wird. Urproduktion kann – in einem erweiterten Sinne verstanden – auch auf die Bereiche bezogen werden, die oben als Hauswirtschaft, Sozialwirtschaft und Handwerk bezeichnet wurden. Wie vielen Menschen ein Hof Lebens-, Nahrungs-, Arbeits- und Wirtschaftsgrundlage bieten kann, ist dann eine ökonomische Frage, die weit über eine nur betriebswirtschaftliche Betrachtungsweise hinausweisen kann. Wenn in diesem Sinne immer mehr Menschen sich bereitfinden würden, die landwirtschaftliche Urproduktion durch Leihgeld vorzufinanzieren, damit diese alljährlich hervorgebracht wird, so würde allmählich die Verantwortung für Ökologie und landwirtschaftliche Ökonomie und dadurch die Selbstversorgung der Menschen mit gesunden Nahrungsmitteln auf initiative Menschengemeinschaften übergehen und immer weniger nur eine Angelegenheit der Staaten, Behörden und Verbände bleiben.

Es kann den Beteiligten überlassen bleiben, ob sie nun «ihre» eigenen Produkte hervorbringen lassen, die sie untereinander verteilen, oder ob sie diese über den Handel vertreiben oder das eine und das andere tun. Entscheidend wäre, ob die Beteiligten in der einen oder anderen Form bereit sind, die laufenden Betriebskosten durch Kreditaufnahme bei einer Bank oder durch eigenes Leihgeld vorzufinanzieren. Das Leihgeld dient dann zur laufenden Hervorbringung der Urproduktion. Verlust und Gewinn tragen die Beteiligten. Eine solche Verfahrensweise bezeichnete Rudolf Steiner als die wirtschaftliche Urzelle[1]. Es handelt sich dabei um die Umstülpung des üblichen Verfahrens: Bei dem muß ich so lange arbeiten, bis ich als Lohnempfänger oder als Unternehmer soviel für mich verdient habe, daß ich mit dem Erworbenen mein Leben fristen oder mit dem Gewinn neuen Gewinn erlangen kann. Nunmehr wird gezahlt, damit die Produzierenden tätig werden und dann produzieren können, und es wird nicht die Produktion beliehen, um aus dem Verdienten, dem Mehrerlös die Kredite zurückzuzahlen.

[1] Vergl. Vortrag vom 12.10.1920 in «Landwirtschaft und Industrie. Neuordnung des Bodenrechts als soziale Forderung der Gegenwart», hrsg. von Roman Boos, Darmstadt 1957.

Rudolf Steiner wurde nicht müde, auf den radikalen Unterschied der beiden Vorgänge und auf die Bedeutung der wirtschaftlichen Urzelle als eines Umwandlungsprozesses im sozialen Geschehen hinzuweisen. Durch die mitverantwortete jährliche Hervorbringung der Urproduktion im landwirtschaftlichen Betrieb kann der Vorgang der wirtschaftlichen Urzelle einleuchtend werden. Es kann die Grundlage für die allmähliche Entwicklung eines Leihkapitals sein, dessen Qualität darin besteht, daß es als von Menschen mit Hilfe von Banken geschaffene Liquidität kontinuierlich für die Grundlage des Lebens bereitgestellt wird. In Zusammenarbeit mit den Bochumer Bankeinrichtungen (Gemeinnützige Treuhandstelle, Gemeinnützige Kredit-Garantiegenossenschaft und GLS Gemeinschaftsbank) wurde eine ganze Reihe von biologisch-dynamisch wirtschaftenden Höfen mit Kapital ausgestattet, das ihnen ohne Rückzahlungsverpflichtung so lange zins- und tilgungsfrei zur Verfügung steht, als sie damit an der Erhaltung und Weiterentwicklung von Lebens-, Arbeits- und Kulturzentren auf dem Lande arbeiten wollen. Erst wenn die Arbeit endgültig in diesem Sinne eingestellt wird, ist es entweder zurückzuführen oder auf andere zu übertragen, die im gleichen Sinne weiterarbeiten wollen. Ein solches Kapital schafft im volkswirtschaftlichen Zusammenhang Werte und ist so im eigentlichen Sinne produktiv. Kapital als abstrakte Geldanlage in Form von Aktien, Wertpapieren, Gebäuden, Grundstücken usw. kann dagegen im höchsten Grade wertverzehrend oder -vernichtend sein, da sich hinter der scheinbaren Werthaltigkeit eine Welt von Scheinwerten verbergen kann, die «nichts» sind oder die Grundlagen unseres natürlichen und gesellschaftlichen Lebens kontinuierlich untergraben.

Die Befreiung der Menschen aus sich auflösenden Gruppenzusammenhängen hängt eng zusammen mit der Befreiung der drei wertbildenden Faktoren im volks- und weltwirtschaftlichen Prozeß: der Natur, der Arbeit und dem Kapital. Die Natur kann aus dem Todeszyklus der heute üblichen Landbaupraxis durch die allmähliche Entwicklung von Hoforganismen auf der Grundlage der Idee der landwirtschaftlichen Individualität befreit werden und das Kapital aus dem zerstörerischen Kreislauf einer sich endlos wiederholenden Vermehrung. Als abstraktes Kapital kann es im landwirtschaftlichen Organismus sterben, um als leben- und werteschaffende Natur aufzuleben. Dann wird auch der am unmittelbarsten mit dem Menschen verbundene Faktor befreit werden können, die

Arbeit. Der Mensch wird dann wieder neue Arbeitsantriebe entwickeln können, da er in einem Sinnzusammenhang tätig wird und nicht für Kapital, Rendite oder Lohn. Er wird seine Arbeit dann in einen gesellschaftlichen Arbeitszusammenhang stellen wollen, und die Gesellschaft wird ihm dies ermöglichen können.

Manfred Klett

# Erdenzukunft gestalten durch neue Formen der Landwirtschaft[1]

Ruht, vielleicht nur für den Bruchteil einer Sekunde, mein Blick in dem eines anderen Menschen, dann ist, was mir da begegnet, nicht nur ein physisch-sinnlicher Eindruck. Unmittelbar steht in voller Größe und Einzigartigkeit das geistig-seelische Wesen des anderen, gewissermaßen seine Schicksalsgestalt vor mir. Dieser Blick mag getaucht sein in Leid, in Schmerz oder mag strahlen vor Glück oder vor Freude. Durch diesen Schmerz oder diese Freude hindurch schaut mich etwas an, wodurch ich den anderen Menschen als diesen ganz bestimmten in der Einzigartigkeit seines Geistwesens, seines Ich, erkenne. So ist jede Menschenbegegnung ein sinnliches Erlebnis und zugleich auch ein übersinnliches Ereignis.

So sehr das jeder im Grundsatz bejahen kann, so wenig ist das heute Allgemeingut der Menschheit. Gerade unser Jahrhundert hat die ärgste Verkennung dieser Tatsache mit sich gebracht, im anderen Menschen nicht die Einmaligkeit seiner Individualität zu sehen, sondern ihn abzustempeln als Angehörigen einer Rasse, eines feindlichen Volkes, einer Sippe, einer religiösen Gemeinschaft oder eines politischen Systems.

Es ist aber interessant, daß seit den 60er Jahren in dieser Hinsicht eine gewisse Zäsur eingetreten ist. Gerade durch und seit dem Vietnam-Krieg wird allenthalben von den Menschenrechten gesprochen. Seit dieser Zeit geht die jüngere Generation auf die Barrikaden, wenn in einem noch so fernen Erdteil Menschenrechte mit Füßen getreten werden. Welcher Erniedrigung, welcher Menschenverachtung, welcher unendlichen Leidenswege und Schrecknisse aber hat es bedurft, daß nach der Katastrophe des Zweiten Weltkrieges die Väter des Grundgesetzes der Bundesrepublik Deutschland in dieses Grundgesetz den Satz

[1] Nach einem Vortrag in Frankfurt, Juni 1988.

aufgenommen haben, der einzig in der Welt dasteht: Die Würde des Menschen ist unanstastbar.

Was mußte alles an leidvoller Erfahrung vorausgehen, damit in dem Grundgesetz eines Staates ein solcher Satz rechtlich verankert ist. Wir können uns dieser Würde des Menschen nur bewußt werden, wenn wir uns auf unser Menschentum besinnen. Sie leuchtet uns in jeder wahren Menschenbegegnung unmittelbar entgegen. Schon ein einziger Blick in das Auge eines anderen Menschen kann uns eine ganze Welt offenbaren, kann uns die Gewißheit des waltenden Geistes im Menschen geben.

### *Die Würde der Natur*

Wie aber steht es, wenn wir den Blick vom Menschen wegwenden auf die Natur draußen, auf die Erde? Wo schaut uns da etwas an, daß wir ausrufen können: die Würde der Erde ist unantastbar? Mit dieser Frage beziehe ich mich nicht auf die Gefühle der Ehrfurcht vor der Göttlichkeit der Erde, des gestirnten Himmels, die den Menschen noch vor gar nicht langer Zeit eigen waren, die den russischen Bauern noch zu Zeiten des Zweiten Weltkrieges am Feldrand niederknien ließen, um ein Gebet zu sprechen, bevor er die Saat auf den Acker brachte. Sondern ich frage uns, die wir der rasanten Zerstörung der Erde beiwohnen, haben wir ein Bewußtsein ihrer geistigen Natur, ihrer Würde? Wie soll ich die Erdenzukunft gestalten, wenn ich gar nicht weiß, was es da zu gestalten gibt? Bedeutet Erdenzukunft gestalten, daß wir den Ist-Zustand der Erde, ihre Seen, Flüsse, Wälder, Felder, ihr Klima, ihre Ozonschicht zu erhalten oder zu restaurieren versuchen? Kann Restauration überhaupt eine Perspektive für die Zukunft sein?

Wenn schon der Begriff Erde, wie er heute in der Naturwissenschaft konfiguriert, in uns nicht gerade die Empfindung der Ehrfurcht wachruft, so können wir unabhängig von solcher Begrifflichkeit ganz unbefangen etwa nach der Würde des Tieres fragen.

Gewiß, man spricht heute, wie man von Menschenrechten spricht, schon von Rechten der Tiere. Immer mehr Stimmen erheben sich gegen die Tierversuche, gegen die industrialisierte Massentierhaltung. Und wie sehr kann man den tiefen Ausspruch Christian Morgensterns beherzigen: «Ganze Weltalter der Liebe werden notwendig sein, um den Tieren ihre Dienste und Verdienste an uns zu vergelten.»

Dennoch können wir nicht im gleichen Sinne wie in der Menschenbegegnung in der Begegnung mit dem Tiere von dessen Würde sprechen, wenn wir zum Beispiel einer Kuh oder einem Hund ins Auge schauen. Noch weniger können wir von der Würde der Pflanzenwelt sprechen, wenn wir die Rose, den Weizen oder die Lilie anschauen, noch weniger von der Würde der Gesteinswelt, etwa der eines Bergkristalls. Wenn wir unbefangenen Sinnes die Natur betrachten, so bemerken wir, daß, je weiter wir heruntersteigen in den Naturreichen, desto weniger in dem sinnlich Erscheinenden ein geistig Wesenhaftes faßbar wird.

Die Natur verhüllt ihre Würde. Das ist das Problem unserer heutigen Naturwissenschaft. Sie hat ihren Ausgangspunkt im denkenden Geist des Menschen und sucht durch diesen Aufklärung über die Natur zu gewinnen. Durch die Art ihrer Forschungsmethoden bleibt ihr Blick nur auf der Außenseite der Dinge haften. Dabei verliert sie sich immer weiter hinein in die Einzelheiten, in ein atomisiertes Fachwissen, aus dem heraus sie ungeheuer erfolgreich ist.

Der Erfolg scheint dieses Wissen zu bestätigen. Gerade auf dem Gebiet des Landbaus feiert das Wissen größte Triumphe. Aber diese Erfolge sind – und das merken wir von Tag zu Tag mehr – unbezahlbar teuer erkauft. Wir müssen uns eingestehen, daß unser Wissen von der Natur eigentlich von ihr gar nicht angenommen wird, daß dieses Wissen in seiner technologischen Umsetzung überall Spuren der Zerstörung nach sich zieht. Unser heutiges durchaus bewunderungswürdiges Naturwissen hat uns der Natur gar nicht nähergebracht, sondern, wie wir an den Folgen sehen, uns von ihr sogar entfernt. Wir müssen uns eingestehen, daß dieses Naturwissen uns dient, unseren Bedürfnissen, unserem Wohlstand, unserem sozialen Anspruch, daß wir aber ohnmächtig sind, mit dieser Art Naturerkenntnis therapeutisch in die Erde eingreifen zu können – man denke z. B. an das Waldsterben –, geschweige denn Erdenzukunft zu gestalten.

### *Restauration oder Entwicklung?*

Zukunft zu gestalten heißt nicht, daß wir uns ausdenken, wie in Zukunft die Erde auszusehen hätte, sondern, daß wir hier und jetzt anfangen, im Sinne der Erdenzukunft zu arbeiten. Dazu müssen wir uns ein Bild machen von dem, was sich aus einer Erdvergangenheit in eine Erdenzukunft hinein entwickeln soll. Wir brauchen einen Entwicklungsgedanken für Natur und Erde. Aus der bloßen Naturanschauung können wir diesen Entwicklungsgedanken nicht finden. Sie klärt uns nur über das Gewordene, nicht über das Werdende auf. Der Entwicklungsgedanke, den wir heute haben, ist der Kampf ums Dasein und die natürliche Selektion.

Dieser Entwicklungsgedanke leitet sich von dem ab, was sich dem forschenden Geist aus der Anschauung der Erdvergangenheit ergeben hat. Es soll hier gar nicht darüber entschieden werden, wie wahr oder falsch dieser ist, sondern nur darüber, daß dieser Entwicklungsgedanke, der zum Rückgrat der materialistischen Weltanschauung seit dem 19. Jahrhundert geworden ist, gewiß nicht taugt, wenn es darum geht, Erdenzukunft zu gestalten. Der Mensch ist ja nicht passiver Begleiter der Erdentwicklung oder, wie der Darwinist vermutet, ein bloßes Naturwesen, das soeben dem Tierreich entstiegen ist, sondern indem der Mensch zu seinem Selbstbewußtsein erwacht, zum Bewußtsein seines Menschentums, das sich seiner naturhaften Fesseln entschlägt, sich zum Erleben der Freiheit durchringt, schwingt er sich auf, souveräner Gestalter der Erde zu werden. Ist nicht alles, was der Mensch heute, allerdings in der Verkennung seines geistigen Wesens, dem anderen Menschen antut, was er der Erde antut, was so offensichtlich Züge eines Kampfes um ein egoistisches Dasein trägt und was so offensichtlich einem Niedergang zustrebt, ein Zerrbild der Tatsache, daß er aufgerufen ist, nicht nur sein Schicksal in die Hand zu nehmen, sondern ebenso auch das Schicksal der Erde?

Die Aufgabe, bewußt Erdenzukunft zu gestalten, tritt erst seit diesem Jahrhundert vor die Menschheit hin. Alle Umweltkatastrophen sind doch letzten Endes Momente, daß sie sich ihrer Aufgabe, Entwicklungsträger in der Zukunft zu sein, bewußt wird. Das ökologische Bewußtsein, das sich in den letzten zwanzig Jahren so staunenswert ausgebreitet hat, ist ein erster Schritt. Es kommt aber nicht über den Zustand der gewordenen Natur hinaus. Es kann restaurieren, aber nicht entwickeln. Der

Entwicklungsgedanke muß neu gefaßt werden, wenn wir in die Zukunft arbeiten wollen. Die Natur sagt uns nichts über ihre Entwicklung, nicht der Vogel in der Luft, nicht der Fisch im Wasser, nicht die Kuh auf der Weide, nicht die Pflanzen, nicht die Mineralwelt, sie sind stumm. Sie sind Ausdruck einer gewordenen, eher aussterbenden Welt, nicht einer werdenden. Einzig der Mensch, wenn er sich auf sein Menschentum besinnt, kann sich als ein zur Entwicklung fähiges Wesen begreifen.

Jeder Mensch lebt doch in dem Bewußtsein, daß er aus seinen Fehlern lernen kann. Jeder weiß, daß er morgen ein anderer Mensch sein kann als heute, wenn er nur will, daß er das Gute von dem Bösen unterscheiden, daß er aus Einsicht handeln kann. Den Entwicklungsgedanken können wir in Selbsterkenntnis in uns entdecken, er ist uns gegenwärtig, in ihm erfahren wir unsere Freiheit. Was uns die Kraft gibt, immer wieder nach neuen Vorsätzen zu handeln, unser Schicksal in die Hand zu nehmen, hat seinen Ursprung nicht in dem, was Natur an uns ist, in unserem Leib, sondern in dem, was wir als unsere Geistseele erleben. In ihr entdecken wir den Quell unseres Willens, unseres Ich, den Keim aller Entwicklung in die Zukunft. Alle Kühnheit, aller Mut zum Unbekannten, alle Lebenskraft hat da ihren Ursprung.

Trete ich einem anderen Menschen gegenüber, tritt in seiner Schicksalsgestalt zugleich dieses unbedingte Wollen in die Zukunft an mich heran. Erst indem ich dies im anderen Menschen erkenne, werde ich ihm gerecht. Goethe hat das etwa so ausgedrückt: Beurteile ich einen anderen Menschen nach dem, was er ist, dann tue ich ihm unrecht. Ich werde ihm erst gerecht, wenn ich ihn beurteile nach dem, was er sein möchte. Der Mensch trägt die Kraft der Entwicklung in sich. Er hat sich heute so weit entwickelt, daß er ein Bewußtsein von dieser Tatsache haben kann. Sein Schicksal ist gewissermaßen das Haus, in dem sich diese Entwicklung zu immer höheren Stufen der Vollkommenheit vollziehen kann.

Nun wäre es abstrakt, das Schicksal des Menschen nur eingegrenzt auf die Person sehen zu wollen. Er erleidet ja sein Schicksal an der Erde und durch sie, an ihr und durch sie erwacht er doch zu seinem Selbstbewußtsein und zum Bewußtsein seiner Erdenaufgabe. Das bestätigt aufs Neue, daß seit Urbeginn bis in alle Zukunft Erdenschicksal und Menschenschicksal nicht voneinander zu trennen sind.

## *Die Bestimmung des Menschen*

Halten wir also fest: Im Ich des Menschen tritt der wirkende entwicklungstragende Geist in Erscheinung. Im Menschen erkennt er sich als solcher, in der Natur ist er verhüllt. Wir haben also auf der Stufe der Geistnatur des Menschen, die sich in den Seelenfähigkeiten des Denkens, Fühlens und Wollens offenbart, den Ort aufzusuchen, wo die Frage nach Gestaltung der Erdenzukunft ihre Beantwortung finden kann. Im menschlichen Geist ist der Quellort seiner Ideenkraft, seines Schöpfertums, aber auch seines Mutes, seiner Willenskraft.

Auf den Bahnen seines Willens trägt er seine Ideen hinaus in die Welt und gestaltet die Erde um. Das geschieht heute Tag für Tag in nie dagewesenem Umfang. Mit jeder neuen Autobahn, jedem Atomkraftwerk, jeder Pestizidanwendung schreibt er unwiderruflich seine Taten in die Erde ein und gestaltet Erdenschicksal. Hinter diesen Taten steht menschliche Intelligenz, menschlicher Wille. Wir haben uns heute zu einem Punkt hinentwickelt, wo nicht mehr die Erde, der Makrokosmos als erhabener Ausdruck eines Göttlichen empfunden wird, sondern wo man sagen kann, die Welt findet im forschenden Geiste des Menschen ihren Mittelpunkt. Ist das verwerflich?

Die sich überstürzenden Umweltkatastrophen scheinen eine eindeutige Antwort zu geben. Ist nicht das, was eingetreten ist und was z. B. in der Gentechnologie schaudern machen kann, die logische Konsequenz der Autonomie des forschenden Geistes des Menschen?

Wie aber, wenn der forschende Geist, statt immer weiter in die Einzelheiten materieller Vorgänge vorzudringen – ein Weg, der ihn aus der Natur in eine Unternatur führt –, sich aufschwingen würde zur Erforschung des Geistes selbst, indem der Mensch sich in seiner Geistwesenheit selbst zum Phänomen macht? Wenn die Erforschung des Geistes, wie er sich im denkenden, fühlenden und wollenden Menschen offenbart, überhaupt erst unser ganzes Naturwissen ins rechte Licht rücken würde?

Die Naturforschung, die die gewordene Welt in ihren Einzelheiten registriert, braucht als notwendige Ergänzung, wenn wir überhaupt in die Zukunft vorschreiten wollen, die Geistesforschung. Die Wissenschaft vom Geist liegt in der Anthroposophie vor. Diese Geist-Erforschung geht von der sinnlich gegebenen Tatsachenwelt aus und richtet ihren

Blick auf das, was als geistig Wirksames diese Tatsachen aus sich hervortreibt. Sie erforscht das Übersinnliche im Sinnlichen, z. B. in der Pflanze das Leben, das sie hervorbringt. Die anthroposophische Geisteswissenschaft führt zu den Kräften des Ursprungs, zu den Quellen des Werdenden selbst. Sie klärt den Menschen über seinen geistigen Ursprung auf und damit auch über den geistigen Ursprung der Erde. Sie lehrt den Menschen beurteilen, was er tut, ja mehr noch, was er zu tun hat, was eigentlich seine Aufgaben sind. Wer sich mit der Anthroposophie auseinandersetzt, empfängt Impulse. Er sieht sich plötzlich in ein Meer von Aufgaben gestellt, für die es sich lohnt, sein ganzes Menschsein in die Bresche zu schlagen. Man steht der Erde nicht mehr nur als neutraler Beschauer gegenüber, ebensowenig, wie man einem anderen Menschen neutral ins Auge schauen kann. Man erkennt, wie draußen in der Welt, in der Natur ebenso wie im Menschen alles auf Entwicklung veranlagt ist. Die Erkenntnis kann wie ein Blitz einschlagen, daß die Erde mit ihren Naturreichen an ein Ende ihrer Entwicklung gekommen ist, daß es Aufgabe des Menschen ist, die entwicklungstragende Kraft, die er in sich hat, geleitet von den Ideen der Geistesforschung in die Natur hineinzubauen.

Seien wir uns doch der Lage bewußt, in der wir uns befinden: Wir haben uns zum Selbstbewußtsein heraufentwickelt und stehen der Erde gegenüber mit einem unerhörten Tatsachenwissen, das uns aber nicht die Möglichkeit gibt, zu wissen, was wir tun. Wir haben die Macht, die Erde zu zerstören. Sollen wir nicht auch die Macht haben, die Erde zu immer höheren Stufen ihrer Entwicklung zu führen? Ist das nicht unsere wahre Kulturaufgabe? Dieses Motiv, im Menschen selbst den Quell der Verwandlung der Erde zu sehen, muß uns heute mit Macht ergreifen und unsere tägliche Arbeit impulsieren. Es zieht sich im Grunde wie ein roter Faden schon durch die Geschichte des christlichen Abendlandes.

## *Landbau und Kulturlandschaft*

Schauen wir doch einmal auf die Gestalt Europas, auf ein Stück noch unverdorbene Kulturlandschaft. Steigen wir zu diesem Zweck hinauf auf irgend eine Anhöhe und lassen unseren Blick auf der umgebenden Landschaft ruhen. Alles, was da der Blick umgreift an gestalteter Feldflur, einem bewaldeten Höhenzug, einem buschumstandenen Bachlauf usw., erweckt unmittelbar die Empfindung einer vollendeten Harmonie, einer in sich geschlossenen Ganzheit. Der Blick gesundet in der Anschauung. Wie viele Maler haben versucht, gerade diese Qualität in Bilder zu fassen!

Betrachtet man in der geschilderten Art die verschiedenen Kulturlandschaften Europas, so glaubt man in all diesen Landschaften, in ihrem besonderen Charakter dem Charakter der Menschen wieder zu begegnen, die dort leben. Man fühlt sich zu der Frage gedrängt: Was macht denn eigentlich die englische Landschaft zu einer unverkennbar englischen, die holländische zur holländischen oder die Toscana zur unverkennbar italienischen? Vom Ursprung her tritt uns in unseren Kulturlandschaften eine auffallende Identität von Mensch und Landschaft entgegen. Durch ein Jahrtausend hindurch hat der Mensch als Angehöriger eines bestimmten Volkstums in seiner täglichen Arbeit an der Erde sich in ihr ein Abbild geschaffen. Die Erde wurde von den Menschen nach dem Bilde dieser Volkstümer umgeschaffen. Das ist heute noch in Resten wahrnehmbar. Daher berührt uns die Kulturlandschaft so ungemein menschlich, daher wirkt sie so gesundend auf unsere Sinne.

Nehmen wir einmal alles aus unseren Landschaften heraus, was an Industrieansiedlung, Straßen usw. durch die moderne Zivilisation hineingekommen ist, dann bleibt eine Art Zellengewebe übrigt. Wie eine Zelle einen Kern hat und das umgebende Zellplasma, so ist unsere Kulturlandschaft vom Ursprung her in autonome, zellenartige Gebilde gegliedert, in die Hof- und Dorfgemarkungen. In der Mitte eines solchen Zellenorganismus, den Kern bildend, steht die Kirche mit den darum sich ordnenden Bauerngehöften. Den Umkreis bildet die sich ausdehnende Dorfgemarkung, die dann irgendwo eine Grenze hat, an die sich andere Dorf- oder Hofgemarkungen anschließen.

Diesen geographischen Mittelpunkt und Umkreis eines Dorfes oder Hofes können wir als physischen Leib eines Organismus auffassen, der sich über ein Jahrtausend durch menschliche Arbeit aus dem Naturbiotop als Kulturbiotop herausgegliedert hat. Dieser physisch abgegrenzte Organismus hat sich durch die Zeiten hindurch in der Verteilung und Pflege von Wäldern, Feldern, Wiesen und Weiden, von Hecken und Teichen, Bachläufen und so weiter, also durch Waldbau, Ackerbau, Wiesen- und Weidewirtschaft belebt. Und er hat sich durchseelt mit der ganzen Vielfalt der Kultur- und Haustierwelt. Das Tier im Wald, der

Fisch im Bach, der Vogel in der Luft standen ebenso in der Pflege des Menschen wie die Vielfalt der Haustiere. Allen voran das Rind, die Kuhherde. Durch deren Futteraufnahme aus dem Ganzen der Dorfgemarkung und deren Düngergabe zurück an das Ganze bildete sich die einzigartige Geschlossenheit dieser Landschaftsorganismen. Die sinnvolle Zuordnung der physischen, belebten und beseelten Natur zum Ganzen des Organismus geschah durch die menschliche Arbeit. Sie erhielt ihre moralischen Impulse durch das, was da im Zentrum, am Altar zelebriert wurde.

Diese flossen ein in die tägliche Arbeit, in die Pflege des Bodens, der Pflanzen und der Tiere. Man macht sich heute überhaupt keine Vorstellung mehr von der Hingabefähigkeit in der Arbeit in diesen Zeiten eines noch durchchristeten Bauerntums.

Heute ist die Kraft des Volkstums erloschen und damit die Kraft, in Identität Kulturlandschaft zu schaffen. Spezialisierung, Industrialisierung des Landbaus, das heißt dessen Ausrichtung nach rein geldwirtschaftlichen Maßstäben sind die Totengräber einer Entwicklung geworden, in der der Mensch über ein Jahrtausend hinweg aus noch unbewußten Kräften seiner Seele begonnen hatte, die Erde zu sich zu erheben.

Wie erheben wir heute, da wir als moderne Menschen zum Selbstbewußtsein erwacht sind, die Erde zu uns? Was früher unbewußt an moralischer Kraft in die Arbeit an der Erde eingeflossen ist, muß heute bewußt geschehen. Aber dazu brauchen wir, um den roten Faden der Entwicklung wieder aufnehmen zu können, moralische Leitbilder. In der Natur können wir sie nicht finden. Solche moralischen Leitbilder, aus denen wir wissen können, was wir tun, kann uns die anthroposophische Geisteswissenschaft erschließen.

Wir müssen uns darüber im klaren sein, daß es gerade im Wesen des Landbaus liegt, am umfassendsten an der Erde und ihrer Zukunft zu gestalten. Heute ist er das letzte Rad am Wagen der abendländischen Zivilisation. Man hat im Landbau einen guten Gradmesser für den Kulturzustand, in dem die Menschheit sich jeweils befindet.

## *Die landwirtschaftliche Individualität*

Das Leitbild, das aus der anthroposophischen Geisteswissenschaft heraus der Arbeit an der Erde einen neuen Sinn vermitteln kann, lautet sinngemäß folgendermaßen:

Eine Landwirtschaft erfüllt ihr Wesen am besten, wenn sie aufgefaßt wird als eine Art Individualität, die möglichst in sich abgeschlossen ist und die das, was sie zur Hervorbringung braucht, z. B. an Futter für die Tiere, an Dünger für den Boden, in sich selber erzeugt.

In einem ersten Schritt knüpft dieses Leitbild unmittelbar an das an, was sich als Dorforganismus, als Zelle der Kulturlandschaft durch ein Jahrtausend hindurch entwickelt hat. Stellen wir einen konventionell bewirtschafteten Hof auf die biologisch-dynamische Wirtschaftsweise um, dann greifen wir bewußt diesen Entwicklungsfaden wieder auf.

Als wir, eine Betriebsgemeinschaft von mehreren Familien, anfingen, den Dottenfelder Hof bei Bad Vilbel umzustellen, haben wir unter den gänzlich veränderten Zeitverhältnissen bewußt diesen roten Faden wieder aufgegriffen. Aus dem oben genannten Leitbild heraus haben wir versucht, den abgegrenzten Landschaftsraum von 150 ha durch einen vielgestaltigen Pflanzenbau zu einem lebendigen und durch eine vielgestaltige Tierhaltung zu einem beseelten Organismus zu gestalten, der aus sich heraus produktiv ist.

Unter dem Leitbild der landwirtschaftlichen Individualität hat jeder Erdenort, und so auch der Dottenfelder Hof, eine bestimmte Naturbegabung. Wie auch der Mensch eine bestimmte Begabung hat, die er in das physische Dasein mitbringt und die durch Erziehung zur Entfaltung gebracht wird, so hat jeder Erdenort aus der Vergangenheit eine bestimmte Begabung – klein-klimatische, geologische und Bodenverhältnisse etc. –, die zur Entfaltung kommt dadurch, daß der Mensch mit seiner Arbeit einen solchen abgegrenzten Erdenraum gestaltet. Menschliche Arbeit erzieht die Erde.

Wir haben damals, als wir auf dem Dottenfelder Hof anfingen, nicht danach gefragt, was für ein Einkommen wir aus diesem Hof beziehen können. Sondern wir haben gefragt, wieviele Menschen wir sein müssen, wieviele Hände, damit wir die Naturbegabung dieses Hofes zur Entfaltung bringen können.

Das ist ein ganz anderes Motiv, Landbau zu betreiben. Am Ausgangspunkt steht nicht der wirtschaftliche Erfolg, nicht die Frage der Ökonomie, nicht, was frommt mir, sondern was frommt dem Hof, was frommt diesem Stück Erde. In ihm haben sich Jahr für Jahr seit über tausend Jahren Menschenschicksal und Erdenschicksal verwoben. Wer sich mit dem Gedanken der landwirtschaftlichen Individualität verbindet als einer zu gestaltenden Wirklichkeit, die da ist und Geschichte hat, erkennt sehr bald, daß es gar nicht genug Menschen sein können, die an der Erde arbeiten.

Dieses Leitbild der landwirtschaftlichen Individualität wird aus der Geistesforschung noch dadurch vertieft, daß eine solche Individualität jetzt nicht nur den Erdenraum umfaßt, in dem wir leben und arbeiten, sondern zugleich die Tiefen der Erde und die Weiten des Kosmos mit. Ebenso wie im Menschen sein geistig-seelisches Wesen in seinem stofflichen Leib, in seinem «Stück Erde» lebt, begegnen sich draußen in der Natur, individualisiert in jeder Hof- oder Dorfgemarkung, vereinfacht ausgedrückt, Himmel und Erde.

Wir haben es draußen in der Natur mit zwei Polen zu tun, einem unter der Erde, der unserer Wahrnehmung entzogen ist, und einem über der Erde, der sich vor unseren Sinnen ausbreitet. Diese Polarität, das zeigt die Geistesforschung, ist unmittelbar vergleichbar der Polarität, die einem entgegentritt, wenn man den Menschen anschaut und seinen Kopf in ein Verhältnis zu seinem Stoffwechsel-Gliedmaßen-Organismus setzt.

Betrachten wir den Menschen, um ein Bild zu gewinnen für das, was eigentlich die landwirtschaftliche Individualität ausmacht. Das menschliche Haupt ist der in sich ruhende, in sich abgeschlossene physische Pol des Menschen. Es ist allseitig von der harten Schädeldecke umschlossen, die nach innen das Gehirn einschließt, Nervensubstanz also, die ständig auf dem Wege des Absterbens, des Zerfalls ist. Die Nerven sind die am wenigsten regenerationsfähigen Organe. Im Haupte sind vornehmlich unsere wachen Sinne lokalisiert. Es ist das am frühesten vollendete, das geformteste Gebilde am Menschen. Im Haupte ist der Mensch dem Tode näher als dem Leben. Es ist sein Todespol. Aber gerade dadurch ist es die Grundlage unseres Wachbewußtseins, unseres Denkens. Im Haupte erfassen wir die Welt im Gedanken.

Ganz anders verhält es sich mit dem Stoffwechsel-Gliedmaßen-Organismus. In ihm ist alles zur Welt hin offen, in kräftiger Bewegung, vom Leben durchpulst. In ihm findet auf den Wegen der Ernährung und Ausscheidung, des Auf- und Abbaus ein ständiger Stoffwechsel statt. Es ist der Lebenspol des Menschen. In ihm sind wir ganz unbewußt. Aber gerade dadurch entfaltet sich dort unser Wille und läßt uns in der Welt arbeiten. Zwischen diesen beiden Polen, Kopf und Stoffwechsel, Wach- und Schlafbewußtsein, Denken und Wollen, Ruhe und Bewegung gliedert sich ein drittes, nämlich das rhythmische System. Es sind Herz und Lunge, die im Pulsschlag, in der Lungenatmung rhythmisch die beiden Pole des Oben und Unten zum Ausgleich bringen. In dieser Mitte erlebt sich der Mensch im Fühlen. Im Fühlen, das immerfort in Denken und Wollen hineinspielt, ist er am meisten Mensch. Immer mehr Mensch werden heißt, daß immer mehr die Pole des Oben und Unten, Gedankenklarheit und Willensmacht, in der Mitte sich in Weisheit und Liebe wandeln.

Fassen wir jetzt die landwirtschaftliche Individualität wieder ins Auge, dann erstreckt sich unter unseren Füßen, in der Tiefe der Gesteinswelt der ruhende Pol der Erde. Dort unten ist die Erde in sich abgeschlossen, fest in der Form erstarrt, in ihren Absterbe- und Zerfallsvorgängen dem Tode näher als dem Leben. Ihre Kiesel- und Kalkgesteine erfüllen gegenüber dem Kosmos Funktionen wie gegenüber der Außenwelt die Sinnesorgane des Menschen. In den Tiefen der Erde finden wir den «Kopf» der landwirtschaftlichen Individualität.

Über dem Niveau der Erde öffnet sich der Blick bis unter den Himmel. Da ist alles in Bewegung in Wind und Wetter. Nichts ist sich auch nur einen Augenblick gleich. Alles ist eingespannt in ein gewaltiges Stoffwechselgeschehen des Entstehens und Vergehens, in einen vom Leben durchpulsten Wechsel und Wandel. Es ist der Lebens- oder Stoffwechselpol der landwirtschaftlichen Individualität.

Zwischen beiden Polen gliedert sich ein hauchdünnes Organ, eine Art Zwerchfell, der fruchtbare Boden. In ihm begegnen sich Himmel und Erde im Rhythmus des Tages- und Jahreslaufes, sich durchdringend und wieder sondernd. Er bildet die Mitte, das rhythmische Organ der landwirtschaftlichen Individualität.

Der Mensch wird immer mehr Mensch dadurch, daß er seine Mitte im rhythmischen Ausgleichen der Polarität seiner oberen und unteren Organisation kräftigt. Ebenso entwickelt sich die landwirtschaftliche Individualität in dem Maße, als es gelingt, ihre Mitte durch eine sachgemäße Pflege im Rhythmus der Jahreszeiten zu kräftigen. Diese Mitte, der fruchtbare Boden, ist der Ort der Urwertschöpfung im Haushalt der Natur. Von dieser leitet sich letzten Endes alles ab, was in Industrie und Gewerbe an Werten entsteht. Die landwirtschaftliche Individualität bringt aus ihrer Mitte etwas hervor, was die Grundlage aller Wertschöpfungen der Welt ist. Auch die wahren schöpferischen Leistungen des Menschen entspringen ja nicht einseitig dem Intellekt oder seiner physischen Arbeit, sondern der dienenden Mitte.

Wenn wir das in seiner vollen Tragweite würdigen – und Anthroposophie vermittelt die Einsichten zu solcher Würdigung –, dann wissen wir, wo wir ansetzen müssen, um Erdenzukunft zu gestalten. Wir setzten da an, wo die beiden Pole der landwirtschaftlichen Individualität in der Bildung des fruchtbaren Bodens sich begegnen und durchdringen. Alle landwirtschaftliche Tätigkeit gestaltet seit Urzeiten an dieser Mitte, im Ackerbau z. B. mit Hilfe der Bodenbearbeitung, der Düngung und Fruchtfolge. Düngen heißt dann, diese Mitte, den Boden, beleben und gesunden. Das geschieht zunächst durch den Dünger, den die Natur selbst bereitstellt, d. h. durch die sich wieder in Humus verwandelnde Pflanzensubstanz, und durch den durch nichts zu ersetzenden Rinderdünger.

Mit all dem, was wir aus dem Leitbild heraus in Bodenbearbeitung, Düngung usw. tun, greifen wir den roten Faden der vergangenen Landbauentwicklung wieder auf, gemäß dem Gesetz, daß nichts Zukünftiges sich entwickeln kann, ohne daß sich Vergangenes verwandelt. Wir gestalten unseren Hof, ein Stück Erde so, daß z. B. nach Art und Zahl genügend Haustiere, insbesondere Rinder vertreten sind. Eine Kuhherde ist eben nicht nur um der Milch und damit des Geldertrages willen da, sondern damit die Tiere so viel Futter aus der «Mitte» der landwirtschaftlichen Individualität aufnehmen und in sich verarbeiten, als Dünger notwendig ist, um den Boden dauerfruchtbar zu machen. Wir gestalten unseren Hof aber auch so, daß das rechte Verhältnis entsteht von Ackerboden, Wiesen und Weidewirtschaft, von Garten-, Obst-, Hekken- und Waldbau. Indem wir den roten Faden aus der Vergangenheit wieder aufgreifen, bilden und formen wir den leiblichen Organismus der landwirtschaftlichen Individualität. Neben seiner vertikalen Erstreckung – Erdentiefe und kosmischer Umkreis – weitet sich dieser Organismus auch in der Horizontalen und schließt sich mit der Hof- und Dorfgrenze ab. Auch in der Horizontalen gesehen, hat so jeder Hof einen Mittelpunkt und Umkreis. Der Umkreis sind Acker, Wiesen, Wald, sind Boden, Pflanzen und Tiere. Der Mittelpunkt ist der Mensch, der aus geistigen Einsichten das alles in Wechselbeziehung treten läßt und so zu einem Ganzen ordnet.

### *Düngung – Stärkung der Mitte*

Der Blick des arbeitenden Menschen im Landbau ist, wenn er seine Aufgabe recht versteht, auf das Innere der Natur gerichtet. Der wirtschaftliche Erfolg ist dann nicht Ziel, sondern Ergebnis. Mit dem wirtschaftlichen Erfolg als Ziel hat der Mensch nur sich, seinen Eigennutzen, nicht aber die landwirtschaftliche Individualität, die Erde im Auge. Gerade in der Landwirtschaft kann man lernen, daß Geldverdienenwollen und Arbeit an der Natur Dinge sind, die nichts miteinander zu tun haben.

Greifen wir den roten Faden aus der Vergangenheit auf, so entsteht eine neue Art der Abgeschlossenheit des landwirtschaftlichen Organismus. Das ist der Weg der Umstellung von konventionellem auf biologisch-dynamischen Landbau. Rudolf Steiner hat aus der Geistesforschung eine neue Düngung der Erde erfunden, die ebenso in der landwirtschaftlichen Individualität ansetzt, aber so, daß sie gleichsam in der Achse Erde-Sonne, Kopfpol-Lebenspol ihre Wirksamkeit entfaltet.

Diese neue Art der Düngung hat ihren Ursprung in den Ideen der Geistesforschung. Grundlage sind Substanzen, die in den drei Naturreichen gewonnen werden. Es handelt sich dabei um verschiedene Heilpflanzen, Schafgarbe, Kamille, Brennessel, Löwenzahn und Baldrian, die mit bestimmten tierischen Hüllenorganen, zu denen diese Heilpflanzen eine heilende Beziehung haben, präpariert werden und dann den in den Rhythmen der Jahreszeiten wirkenden Kräften vor allem im Boden exponiert werden. Auf diese Weise entsteht ein neuer Dünger, der in außerordentlich geringen Mengen, in homöopathischer Dosierung den auf dem Hofe anfallenden pflanzlichen und tierischen Düngern zugesetzt wird.

Darüber hinaus führten Einsichten aus der Geistesforschung zu einem Präparat, das in geringer Dosierung zur Saat auf den bearbeiteten Boden, zu einem ein anderen, das auf den Pflanzensproß gespritzt wird. Das erstere wirkt vorzugsweise im Unteren, das letztere im Oberen der landwirtschaftlichen Individualität.

Was hat es mit dieser neuen Düngung auf sich? Es handelt sich um Stoffe, die es so in der Natur nicht gibt. Die Ausgangsstoffe sind zwar natürlichen Ursprungs. Die Ideen aber, die sie in dieser bestimmten Art zusammenfügen, sind nicht aus dem ableitbar, was die Naturforschung an Naturgesetzen beschreibt, sondern sie entstammen der Geistesforschung. Es sind Ideen desselben wesenhaften Ursprungs, in dem auch der Mensch urständet und aus dem er sich als Geistwesen über das bloß natürliche Dasein heraushebt. Wir tragen diese Ideen durch unsere Arbeit in den Organismus der Landwirtschaft hinein.

Dadurch entsteht eine Technologie im Lebendigen, die nicht aus den Gesetzen des Materiellen das Leben in eine bestimmte Richtung zwingt, z. B. durch Mineraldüngung und Pestizide, und es am Ende ganz zerstört. Sondern es entsteht eine Technologie, die die Naturreiche so zum Organismus der Landwirtschaft zusammenschließt, daß dieser sich als eine Ganzheit in die Zukunft entwickeln kann. Diese neue Düngung der Erde ist nicht auf den Augenblick gemünzt, sondern auf den Zusammenhang. Sie inauguriert Entwicklung in die Zukunft. Ihre Bedeutung liegt darin, die «Mitte» so zu beleben, daß die Kräfte des Kosmos und der Erde in ihr, im fruchtbaren Boden, immer mehr zum Ausgleich kommen. Das Ergebnis dieses Ausgleichs ist die Leistung der landwirtschaftlichen Individualität. Ihr Überschuß wird zur menschlichen Nahrung.

In der Nahrungspflanze haben wir es im Gegensatz zur Wildpflanze mit zwei Entwicklungsströmungen der Form- und Substanzbildung zu tun. Die eine Entwicklungstendenz führt zu Wachstum und Reproduktion, zur Samenbildung. Sie tritt uns in den Wildpflanzen entgegen, die sich, wie alle unsere Unkräuter und Ungräser, ganz in der Reproduktion ausleben. Die zweite Entwicklungsströmung führt über das bloße Pflanzendasein hinaus. Sie kommt als Nährhaftigkeit in der Fruchtbildung zum Ausdruck. Diese hat für die Pflanze selbst keine Bedeutung, wohl aber für alles über ihr stehende Leben, d. h. für Tier und Mensch.

Düngen wir unsere Pflanzen heute mit mineralischen Düngern, vor allem mit Stickstoff, dann nehmen wir vorzugsweise Einfluß auf die reproduktive Strömung der Pflanze. Die Pflanze wächst und wächst, und die Früchte werden groß und dick. Wir nehmen dabei am wenigsten Rücksicht auf den zweiten Entwicklungsstrom in der Pflanze, auf die Kraft der Fruchtbildung. Die Kraft der Nährhaftigkeit verkümmert heute immer mehr. Sie aber ist das größte Kapital, über das die Menschheit verfügt und das ihr zu treuen Händen von einer früheren Menschheit übergeben wurde. Es ist das Kapital des «Lebensmittels». Heute wuchert man in unrichtiger Weise mit diesem Kapital in der Überproduktion, ohne ein rechtes Bewußtsein davon zu haben, daß es sich hier um ein höchstes Kulturgut der Menschheit handelt.

Die Bedeutung der neuen Düngung der Erde geht nun darauf hin, daß gerade dieser zweite Entwicklungsstrom in der Nahrungspflanze, die Nährhaftigkeit, in der Fruchtbildung unterstützt und gestärkt wird. Mit diesem Beispiel sei eine Richtung der Wirksamkeit dieser neuen Düngung der Erde angedeutet.

### *Die Notwendigkeit von Gemeinschaften*

Es gehört zur einzigartigen Erfahrung, die man im biologisch-dynamischen Landbau machen kann, daß man nicht mehr geistlos der Natur gegenübersteht und zum Handlanger mechanischer Ursache-Wirkung-Ketten wird. Die Arbeit ist nicht mehr bloße Erledigungsarbeit, die man ebenso gut der Maschine, dem Automatismus überantworten könnte. Man kann statt dessen die landwirtschaftliche Individualität in sich als geistige Realität im Bilde erschaffen und aus diesem Bilde heraus aller Arbeit an der «Mitte» zwischen den Polen der Erdentiefe und des kosmischen Umkreises einen neuen schöpferischen Inhalt geben. Wirken wir in dieser Art, so entsteht Kulturlandschaft, in der sich der Mensch in seiner Würde in neuer Identität wiederfinden kann.

Die Verwandtschaft des Menschen mit der sich unter seinen Händen fortentwickelnden landwirtschaftlichen Individualität macht es, daß Menschen- und Erdenschicksal in alle Zukunft untrennbar verbunden sind. Dieser Zusammenklang kann sich nur dann bilden, wenn auf jedem Hof, in jeder Gemarkung ein neuer Mittelpunkt geschaffen wird durch Menschengemeinschaften, die sich aus dem geistigen Motiv begründen, diese Arbeit an der Erde tun zu wollen. Solche Gemeinschaften begründen sich, wenn der unbedingte Wille zur Zusammenarbeit in ihnen lebt. Das aber erfordert, daß der Grund zu dieser Zusammenarbeit in einem gemeinsamen geistigen Ziel gefunden wird. In der «Landwirtschaftlichen Individualität» haben wir eine ideelle Vorgabe als Ziel, mit dem sich jeder Mensch verbinden kann, und zugleich ihr «Anwesen», den landwirtschaftlichen Hof, in dem sich dieses Ziel verwirklichen läßt.

Der heutige Landwirt ist an den «Einmannbetrieb» und an die Maschine gefesselt, die die Arbeit erledigt. Er ist – sei er noch so tüchtig – als einzelner überfordert, aus eigenen Kräften an geistigen Zielen zu arbeiten, geschweige denn, diese dann in die Tat umsetzen zu können. Es sind die gegenwärtigen auf den Egoismus sich gründenden sozialen Verhältnisse, die verhindern, daß vor Ort mit der nötigen Bewußtseinskraft natur- und menschengemäß an der Erdenzukunft gearbeitet werden kann.

Findet sich aber ein Menschenkreis, der in Idee und Gestaltung der landwirtschaftlichen Individualität das Bild einer sich in die Zukunft entwickelnden Erde sehen kann, entstehen zugleich die Einsicht und der Wille, die dafür erforderlichen sozialen Verhältnisse zu schaffen. Wo immer aus der anthroposophischen Geisteswissenschaft heraus versucht wird, biologisch-dynamisch zu arbeiten, wächst aus den landwirtschaftlichen Betrieben ganz organisch eine neue Sozialordnung heraus. Unabhängig von Blutsbanden, rein um der Aufgabe willen, füllen sich die Höfe wieder mit arbeitswilligen Menschen. Auf dem schon genannten Dottenfelder Hof leben inzwischen über 70 Menschen. Das ist mindestens die fünffache Zahl wie auf einem vergleichbaren konventionellen Betrieb.

Innerbetrieblich bilden sich Betriebsgemeinschaften und über die Grenzen der Höfe hinaus sogenannte Landwirtschaftsgemeinschaften. Sie verstehen sich als Verantwortungs-, Rechts- und Wirtschaftsgemeinschaften, die sich mit einem oder mehreren Höfen assoziieren. Jeder kann Mitglied werden, der ernsthaft gewillt ist, in Gemeinschaft den Landbau so zu gestalten, daß in ihm und von ihm ausgehend das Leben in Einklang gebracht wird. Die Landwirtschaftsgemeinschaft des Dottenfelder Hofes zählt gegenwärtig 150 Mitglieder. Sie bemüht sich darum, in folgender Weise für diese Kulturaufgabe zu wirken:

– Mitarbeit auf dem Hof, z. B. Heckenpflanzen, Vogelschutz, Pflegearbeiten jeder nur denkbaren Art;
– Einbringen individueller Fähigkeiten zur Stützung der Forschung, Beratung und Ausbildung;
– Praktizieren eines neuen Bodenrechts, durch das der landwirtschaftliche Hof in seiner Ganzheit keine handelbare Ware mehr sein kann;

– Wege zu finden, wie die Arbeit, die zur Gestaltung der landwirtschaftlichen Individualität erforderlich ist, von dem Einkommen getrennt werden kann, das zum Lebensunterhalt der Mitarbeiter gebraucht wird;
– Überwindung des wirtschaftlichen Egoismus durch eine vertrauensvolle Zusammenarbeit von Erzeugern, Händlern und Verbrauchern bis hin zur gegenseitigen finanziellen Hilfeleistung.

In solchen Gemeinschaften kann unmittelbar erlebt werden, daß die Landwirtschaft, insofern sie der Zukunft der Erde verpflichtet ist, jeden Menschen angeht, daß der Landbau den Boden bereitet, auf dem Kultur erblüht.

Erdenzukunft kann sich nur gestalten, wenn Menschengemeinschaften ihre geistigen Ziele, ihre Arbeit, ihren unbedingten Willen der Erde zuwenden. Erst aus dem unmittelbaren Leben bildet sich das Verständnis, daß Mensch und Erde eine in die Zukunft fortschreitende Schicksalsgemeinschaft sind. Was wir aus uns an entwicklungstragender Kraft in die Erde hineinbauen, das spiegelt sich im sozialen Leben. Und was wir im sozialen Leben zugunsten dieser Aufgabe an Verzicht leisten, das gestaltet Erdenzukunft.

# Teil 2:
# Beispiele landwirtschaftlicher Kooperationen

Hellmut Hannesen

# Aspekte zu unterschiedlichen Rechtsformen der Kooperation

## Eine Einführung

Wie in Teil 1 gezeigt, haben die Rechtsformen eine besondere Bedeutung bei der praktischen Realisierung der ideellen, sozialen und wirtschaftlichen Zielsetzungen einer kooperativen Landwirtschaft. Das soll im 2. Teil anhand praktischer Beispiele erläutert werden. Zuvor einige grundsätzliche Erläuterungen zur Rechtsgestaltung.

Theoretisch erscheint es selbstverständlich, daß die rechtliche Gestaltung von Unternehmungen sich nach den gesamten Zielsetzungen und Arbeitsmethoden der beteiligten Menschen richtet und diese fördert. Praktisch ist es aber bei neuartigen Vorhaben häufig so, daß die Rechtsformen die erwünschte Arbeitsweise behindern und die eigentlichen Ziele dadurch (wie auch durch andere «Realitäten des Lebens») im Laufe der Zeit in Vergessenheit geraten. Es gibt zwar im privatrechtlichen Bereich durchaus Freiräume für vielerlei Formen von Zusammenarbeit. Dennoch kommt man letztlich nicht an der Anwendung einer der Grundtypen von Rechtsformen vorbei, die gesetzlich vorgesehen sind (z. B. gemeinnütziger Verein) und deren Eigenarten nur zum Teil durch individuelle Gestaltungen abgeändert werden können (z. B. kein Verein ohne Vorstand). Probleme können sich dann im Steuerrecht und im öffentlichen Verwaltungsrecht ergeben.

Deshalb ist es um so mehr erforderlich, die sozialen und rechtlichen Bedürfnisse der Beteiligten genau zu ermitteln und die Rechtsgestaltung wenigstens annähernd damit in Einklang zu bringen. Hier helfen Gespräche mit Beteiligten anderer Projekte zur Orientierung, die bereits Erfahrungen mit einer Rechtsform gesammelt haben. Daneben wird man auf die Hilfe von Fachleuten nicht verzichten können, die auch Interesse und Engagement für die angestrebten Vorhaben mitbringen sollten. Wenn der Rechtsgestaltung zuwenig Aufmerksamkeit geschenkt wird, kommt es immer wieder dazu, daß ein Widerspruch zu den wirklichen Absichten der Gruppe besteht, den man zunächst nicht für wichtig hält. Die Verträge liegen ja nur in der Schublade – denkt man. Die rechtlichen Gestaltungen wirken aber doch unbemerkt in unser Bewußtsein hinein und prägen unser Verhalten. Spätestens in Konfliktfällen kommt das Auseinanderfallen von Rechtsformen und tatsächlicher Absicht dann ans Licht. So hat z. B. ein Mitarbeiter vollen Kündigungsschutz nach dem Arbeitsrecht, auch wenn kein schriftlicher Arbeitsvertrag vorliegt, aber durch die praktische Handhabung (Lohnsteuer, Anmeldung zur Sozialversicherung) ein Arbeitsverhältnis zustande kommt. Die Absichten der Beteiligten ändern an der genannten Konsequenz nichts. Die Rechtsgestaltung muß deshalb soweit als möglich der Idee folgen, sonst wird die Idee von der rechtlichen Seite her unterhöhlt.

Nun zu einigen grundsätzlichen Unterscheidungen und Begriffen, soweit dies im Rahmen dieses Buches möglich ist. Juristische Literatur und insbesondere der Rat von Fachleuten kann dadurch nicht ersetzt werden.

Während man zunächst unbefangen davon ausgeht, daß es wohl nur natürliche Personen, nämlich Menschen, geben kann, muß man bei den Juristen lernen, daß es auch «juristische Personen» gibt und daß es sich dabei nicht um die besondere Gattung der Juristen handelt. Vielmehr hat die «juristische Person» zur Wirkung, daß die rechtlichen Vorgänge nicht mehr unmittelbar mit den beteiligten Menschen verknüpft werden, sondern statt dessen mit dem von ihnen geschaffenen Rechtsgebilde. Es haftet dann für alle Vorgänge die juristische Person, und nur in Ausnahmefällen können im Wege der sogenannten «Durchgriffshaftung» die dahinterstehenden Menschen haftbar gemacht werden.

Interessant ist, daß heute in den Bürgerbewegungen und bei sog. selbstverwalteten Projekten eine gewisse Abneigung gegen juristische Personen zu beobachten ist. Sie richtet sich insbesondere gegen «Vereinsmeierei», Kapitalgesellschaften usw. und hängt vermutlich damit zusammen, daß viele Menschen heute in gemeinsamen Projekten das unmittelbare soziale Erlebnis suchen, die ständig sich wandelnden Beziehungen in einer Menschengruppe, den gemeinsamen Willen zum Tun, dann wieder eine Tendenz zur Auflösung – alles Vorgänge, die mehr auf der seelischen Ebene liegen. Vereinsmitgliedschaften und Beschlüsse von Mitgliederversammlungen haben nicht diese feine Erlebnisqualität und werden deshalb oft als Formalismus empfunden. Aus pragmatischen

Gründen kommt es zwar häufig im weiteren Verlauf doch zur Gründung gemeinnütziger Vereine, GmbHs usw.; das hängt dann aber mit den weiteren Konsequenzen dieser Rechts- oder Gesellschaftsformen zusammen, wie Haftung, Gemeinnützigkeit usw., wo juristische Personen vom Gesetz begünstigt werden (in anderen Bereichen werden umgekehrt natürliche Personen begünstigt, z. B. im privaten Wohnungsbau und bei bestimmten betrieblichen Subventionen).

Der geschilderten Problematik kann man Rechnung tragen durch eine geschickte Verbindung von frei gestalteten Gesellschaftsformen mit juristischen Personen. Diese werden als treuhänderische Rechtsträger in den Dienst der gemeinsamen Ziele gestellt. Für die Landwirtschaft kann die Verbindung einer «Landwirtschaftsgemeinschaft» mit einem gemeinnützigen Verein als Beispiel für eine solche Verbindung von beweglichen und festen rechtlichen Formen gelten (s. u. S. 74).

Wenn Menschen sich zur gemeinsamen Tätigkeit zusammentun und dabei eine gewisse Verbindlichkeit entsteht, insbesondere wenn Geld ins Spiel kommt, entsteht von Gesetzes wegen automatisch eine Gesellschaft bürgerlichen Rechts (GbR oder sogenannte BGB-Gesellschaft, geregelt im Bürgerlichen Gesetzbuch). An den Vermögenswerten begründen die Gesellschafter gemeinsames Eigentum (sog. Gesamthandseigentum). Es ist zweckmäßig, dann einen Gesellschaftsvertrag zu machen, da sonst die gesetzlichen Bestimmungen anzuwenden sind, die für viele Situationen nicht passen. Zum Beispiel löst sich nach dem Gesetz die GbR wieder auf, wenn jemand ausscheidet. Bei der GbR wird oft als Problem empfunden, daß jeder Gesellschafter persönlich mit seinem privaten Vermögen haftet. Insofern paßt diese Form insbesondere für Menschen, die gemeinsam in einem Betrieb tätig sind oder einen Hof betreiben. Sie sind dann gemeinsam in einer Rechtslage, die sonst auch jeden Bauern, Ladeninhaber usw. trifft und die ja grundsätzlich praktikabel ist.

Wenn mehrere Menschen sich für einen oder mehrere Bauern oder andere Unternehmer wirtschaftlich engagieren, kann statt einer GbR auch eine sog. Innengesellschaft gebildet werden. Der Unternehmer tritt nach außen im eigenen Namen auf, so wie er auch sonst handeln würde. Die Unterstützer aus dem Umkreis arbeiten intern mit ihm zusammen, geben Kapital, Kredit und praktische Hilfen. Als Beispiel wird auf die Darstellung der Landwirtschaftsgemeinschaft Sophienlust verwiesen. Innengesellschaften werden allerdings steuerlich nicht anerkannt. Gewinne und Verluste verbleiben ausschließlich bei den Bauern oder anderen Unternehmern. Wenn man die Haftung der weiteren Menschen auf die hingegebenen Mittel beschränken möchte, muß das schriftlich formuliert werden, etwa mit dem Hinweis, daß es sich bei den hingegebenen Mitteln nur um Darlehn handelt. (Diese Darlehn können unverzinslich oder verzinslich sein bei Betriebsgewinn.) Bei der GbR werden Verluste den Gesellschaftern bei der Einkommenssteuer persönlich zugerechnet, was gerade für außenstehende Unterstützer vorteilhaft ist, deren andere Einkünfte sich dadurch mindern. Geschäftsführung und Finanzierung müssen so gestaltet werden, daß Gewinne erzielt werden können und mindestens hin und wieder auch erzielt werden. Sonst gilt das Ganze als sog. Liebhaberei im steuerrechtlichen Sinne: Gewinne und Verluste werden dann nur den Unternehmern bzw. Bauern zugerechnet.

Noch erwähnt sei, daß die genannten Gesellschaften in Formen des Handelsrechtes verändert werden können (OHG, KG, Stille Gesellschaft), soweit Handelsgeschäfte betrieben werden. Die Eintragung ins Handelsregister ist dann notwendig, läßt sich aber nicht auf einzelne Handelsgeschäfte beschränken.

Wenn Gesellschaften bürgerlichen Rechts sehr groß werden und die wirtschaftliche und sonstige Beteiligung des einzelnen Gesellschafters keine große Bedeutung mehr hat, die Handhabungen sich mehr einem Verein nähern, wird die Sache vom Gesetz als «nicht rechtsfähiger Verein» angesehen. Auch dies geschieht einfach von Gesetzes wegen, ohne daß man durch eine andere Benennung darauf Einfluß nehmen könnte. Wie anfangs schon zum Arbeitsvertrag ausgeführt wurde, beschreibt das Gesetz bestimmte Verhaltensweisen und knüpft daran Rechtsfolgen. So ordnet das Körperschaftssteuergesetz für den nicht rechtsfähigen Verein an, daß er wie eine juristische Person besteuert wird, also wie der eingetragene Verein Körperschaftssteuer entrichten muß.

Bei den juristischen Personen gibt es Personengesellschaften, insbesondere den Verein, und Kapitalgesellschaften, wie GmbH, Genossenschaft und Aktiengesellschaft. Als Vereine sind gesetzlich sog. Idealvereine und Wirtschaftsvereine vorgesehen, praktisch gibt es aber fast ausschließlich Idealvereine. Zu ihnen hat Axel Janitzki bereits darauf hingewiesen (Seite 30), wie offen und beweglich der gesetzliche Rahmen ist, der von den Beteiligten ausgefüllt werden kann. Auch wenn der Verein gemeinnützig ist, können unter bestimmten Voraussetzungen wirtschaftliche Aktivitäten stattfinden (sowohl sog. Geschäftsbetriebe als auch Zweckbetriebe). Um so mehr können wirtschaftilche Aktivitäten stattfinden, wenn auf die Gemeinnützigkeit verzichtet wird.

Dies ist in der Praxis häufig, auch wenn in der Rechtsliteratur sehr scharf zwischen dem Idealverein und dem wirtschaftilchen Verein unterschieden wird. In Literatur und Rechtsprechung ist anerkannt, daß eine nur mittelbare Förderung der Mitglieder keinen wirtschaftilchen Geschäftsbetrieb darstellt (z. B. bei Wohnungsbau und Siedlungsvereinen). Der Geschäftsbetrieb darf aber nicht auf eine Teilnahme am wirtschaftlichen Leben gerichtet sein, sondern muß vorrangig den ideellen Zwekken dienen. In § 21 BGB wird formuliert, daß der Verein «nicht auf einen wirtschaftlichen Geschäftsbetrieb gerichtet» sein darf. In der Satzung und nach den Absichten der Beteiligten müssen also die ideellen Zwecke im Vordergrund stehen. Da dies meist der Fall ist, läßt sich vermutlich dadurch die häufige Praxis wirtschaftlicher Aktivitäten von gemeinnützigen und nichtgemeinnützigen Idealvereinen erklären.

Wirtschaftsvereine müssen neben der Eintragung auch noch von der zuständigen Landesbehörde genehmigt werden. Die Entscheidung steht im pflichtgemäßen Ermessen dieser Behörden. In der Rechtsprechung wird es für zulässig gehalten, die Ablehnung darauf zu stützen, daß andere Rechtsformen wie GmbH etc. zur Verfügung stehen. Die Rechtsfähigkeit muß aber verliehen werden, wenn andere Rechtsformen nicht zumutbar sind und die Rechtsfähigkeit für eine sinnvolle Tätigkeit erforderlich ist. Es wird also viel davon abhängen, ob man den zuständigen Behörden klarmachen kann, warum man ausgerechnet die besondere Form des wirtschaftlichen Vereins für sein Vorhaben gewählt hat.

Wirtschaftliche Vereine erscheinen für kooperative Betriebsformen durchaus interessant. Die Gründung ist erheblich einfacher als z. B. bei einer GmbH (DM 50000,– Gründungskapital u. a.) oder bei Genossenschaften (erheblicher Aufwand für Prüfungsverband). Der Ein- und Austritt von Mitgliedern ist durch einfache Erklärung möglich. Da die Genehmigung aber möglicherweise schwierig wird, sollte man durchaus die geschilderten wirtschaftlichen Möglichkeiten der Idealvereine nutzen, soweit nur die wirtschaftliche Unterstützung bzw. Realisierung eines idealen Zwecks bzw. Ziels durch die Gemeinschaft beabsichtigt ist. Die Haftung für die Maßnahmen der Menschen, die den wirtschaftlichen Geschäftsbetrieb führen, entfällt dann.

Bei Genossenschaften und GmbHs wird der Mitgliederwechsel komplizierter. Bei der Genossenschaft muß immerhin jedes Mitglied im Genossenschaftsregister eingetragen werden, bei der GmbH sind beim Mitgliederwechsel sogar notarielle Abtretungen der Geschäftsanteile erforderlich, für neue Gesellschafter muß im Gesellschaftsvertrag das Kapital geändert werden. Übrigens können sowohl Genossenschaften als auch GmbHs gemeinnützig sein. Sie müssen sich dann gemeinnützige Ziele setzen und diese nach den entsprechenden Bestimmungen der Abgabenordnung verfolgen.

Zur Zeit der Gründung der Landbauforschungsgesellschaften waren gemeinnützige GmbHs sehr selten. Inzwischen sind sie in der Forschung häufiger geworden, z. B. als Träger von Instituten, und ebenso in der Sozialarbeit, z. B. als Träger von Werkstätten für Behinderte. Im Gegensatz zum Verein hat die GmbH keine ausgeprägte soziale Struktur. Die Geschäfte werden meist von ein oder zwei Geschäftsführern wahrgenommen, die Gesellschafter treffen sich vielleicht nur einmal jährich und haben eine Art von Aufsichtsfunktion. Bei den Landbauforschungsgesellschaften spiegelt sich in der Wahl dieser Rechtsform die Tatsache, daß die GmbH als Grundstücksträger und Vermögensverwalter im Hintergrund arbeitet, während sich das eigentliche Leben im landwirtschaftlichen Betrieb außerhalb der GmbH abspielt. Die gemeinnützigen Aufgaben werden häufig nicht von der GmbH selbst durchgeführt, sondern den Bauern zur selbständigen Wahrnehmung in Auftrag gegeben. Zum Beispiel wird die Sozialarbeit in der Landbauforschungsgesellschaft Hasenmoor von den Landwirten wahrgenommen und nicht von angestellten Mitarbeitern des gemeinnützigen Trägers, wie das sonst in der Sozialarbeit üblich ist.

Heinz Gengenbach

# Gemeinsam Verantwortung tragen

## Das Beispiel Landwirtschaftsgemeinschaft

Peter Brügge hat im Rahmen seiner «Spiegel»-Serie «Die Anthroposophen» im Jahre 1984 über die Landwirtschaftsgemeinschaft Dottenfelder Hof, Bad Vilbel, berichtet und vom «demonstrativen Verzicht auf Eigentum bis zur Sanierung des Landschaftsbildes und der Ackerkrume» geschrieben.[1] Er meinte, vergleichbar Umfassendes gäbe es allenfalls in einigen Kibbuzim in Israel. 1968 ließ sich eine Betriebsgemeinschaft, bestehend aus fünf Personen, auf diesem Hof als eine Gesellschaft bürgerlichen Rechts (BGB-Gesellschaft) nieder, um Landwirtschaft zu betreiben.[2] 13 Jahre später wurde die Landwirtschaftsgemeinschaft Dottenfelder Hof gegründet.

Warum formte man auf diesem wie auch auf anderen Höfen seit 1978 derartige Gemeinschaften? Es gab verschiedene Gründe, sich mit neuen Wegen und Gestaltungsformen in der Landwirtschaft zu beschäftigen. Der Ansturm auf Ausbildungs- und Arbeitsplätze auf biologisch-dynamischen Höfen erreichte damals einen Höhepunkt. Es gab ausgebildete Landwirte, Pädagogen, Handwerker etc., die nach «ihrem» Ort suchten. Die meisten brachten zwar Fertigkeiten mit, doch das notwendige Kapital zum Erwerb und zur Bewirtschaftung von Grund und Boden fehlte. Man wollte zugleich nicht mehr in den alten Strukturen «nur» als Landwirt bzw. Gärtner tätig sein, statt dessen wurde in vielen Fällen eine Hofgemeinschaft angestrebt.

Das allgemeine Umfeld für den biologisch-dynamischen Landbau, für Erzeugung und Verkauf der Produkte, hatte sich verändert. «Grüne Läden» entstanden, alles zwar keimhaft, dafür aber um so phantasievoller und spontaner. Der alternative Landbau fand öffentliches Interesse; Fortschritt und Technisierung als alleinige Leitlinien wurden zunehmend in Frage gestellt.

*Heckenpflanzung auf Sophienlust*

Es soll hier versucht werden, anhand des konkreten Beispiels Sophienlust, Schierensee bei Kiel, die charakteristischen Merkmale einer Landwirtschaftsgemeinschaft aufzuzeigen.[3] Aus individuellem Handeln ist dort eine Form entstanden und wird kontinuierlich weiterentwickelt. Es werden also nicht fertige Lösungen geboten, sondern die Erfahrungen aus dem persönlichen Lebensalltag gesucht.[4]

## *Die Landwirtschaftsgemeinschaft Sophienlust, Schierensee bei Kiel*

Die Initiatoren dieser LWG sind in der Nachkriegszeit geboren, haben also den Übergang zu unserer Konsumgesellschaft miterlebt, deren Schattenseiten eine tiefe Unzufriedenheit auslösten. Auf der «Suche nach neuen Formen», wie sie speziell in der Studentenrevolte um 1968 zum Ausdruck kamen, wollte man zusammen leben und arbeiten. In vielen Wohngemeinschaften der 70er Jahre wie auch in den ergriffenen Berufen (Pädagogik, Sozialarbeit etc.) zeigte sich dieser Wunsch nach Gemeinsamkeit. Der Landwirt Christoph Klemmer, der als Bauer und

Gründer der Initiative die LWG Sophienlust von Anfang an maßgeblich prägte, sagt über seine Entscheidung, Landwirtschaft zu betreiben, sie sei eher unbewußt gefallen. «Landwirtschaft selbst ist ein harter Erkenntnisprozeß, meine Lebensaufgabe sehe ich im Menschen und in seinem sozialen Umfeld.» Während einer landwirtschaftlichen Ausbildung begann er 1973 zusammen mit seiner Frau und Freunden die Suche nach einem geeigneten Hof, wo Pädagogik und Landwirtschaft verknüpft werden sollten. Eine siebenjährige Zeit des Hoffens, aber auch der Enttäuschungen verstrich. «Im nachhinein war diese Vorbereitungszeit eine Prüfung des eigenen Wollens. Die Reste unseres jugendlichen Übereifers und unser Anspruch auf Erneuerung wurden etwas abgedämpft und realistischer.»

Bei der Suche nach Kapital bzw. Kredit und durch persönliche Kontakte zur GLS-Gemeinschaftsbank in Bochum, besonders zu W. E. Barkhoff, erfuhr die Gruppe um Familie Klemmer zum erstenmal von der Idee der LWG. Diese Begegnung rief Begeisterung hervor, die bis zum heutigen Tag anhält. Die Frage, wie man die Verantwortung jedes einzelnen für die Ernährung des Nächsten bis ins finanzielle Engagement an Grund und Boden gestalten könnte, dieses noch sehr «Unfertige» reizte zur weiteren Beschäftigung. Familie Klemmer arbeitete zusammen mit Freunden in einem Vorbereitungskreis auf eine Hofübernahme hin.

Die Zusammenarbeit der Gemeinnützigen Treuhandstelle Bochum und Familie Klemmer führte Ende September 1979 zum Erwerb eines 35 ha großen Hofes am Stadtrand von Kiel. Mitte August war der Verein «Sophienlust, gemeinnütziger Verein für Volkspädagogik, Landwirtschaftslehre und Sozialarbeit e. V.» von Familie Klemmer gemeinsam mit Vertretern der Bank gegründet worden. Weder Tiere noch geeignete Maschinen waren vorhanden, viel Geld und Arbeit waren nötig, um die Anfangsinvestitionen und den laufenden Betrieb zu ermöglichen. Zudem hatte die Vorbesitzerin die Kühe abgeschafft und dafür eine Prämie kassiert. Deshalb durfte fünf Jahre lang vom Hof keine Milch verkauft werden. Das ist heute keine ungewöhnliche Situation und sollte bei allen Hofübernahmen in der Planung sorgfältig bedacht werden.

Die Umstellung in Sophienlust sollte sofort und auf allen Flächen gleichzeitig, möglichst ohne Hereinnahme organischen Düngers beginnen, was bei dem vorhandenen, nur kleinen Rinderbestand ein gewagtes Unternehmen war.

Bis zur Gründungsversammlung im Winter 1979 blieben nur drei Monate Zeit, um neben der täglichen Arbeit die zu gründende Landwirtschaftsgemeinschaft vorzubereiten. Das Konzept der LWG sollte für Interessenten verständlich sein und zugleich auch Begeisterung hervorrufen. Begeisterung bezeichnet Klemmer als «notwendige Voraussetzung für jedes finanzielle Engagement». Sie sollte jedoch nachhaltig sein, damit nicht nur ein «Strohfeuer» entsteht! Zur Gründungsversammlung wurden alle Personen und Gruppen eingeladen, bei denen man Interesse vermutete. Ca. 90 Menschen kamen, davon traten 25 der LWG bei und bürgten jeweils für 3000 DM.

Zum Eigentümer «Sophienlust e. V.» und zu Familie Klemmer kam die Landwirtschaftsgemeinschaft hinzu, als wirtschaftlicher Bereich des Hofes. Der LWG, in der auch die Familie Mitglied ist, gehört das Umlaufvermögen (d. h. Inventar und Vorräte). Die weitere Entwicklung in Kürze: Im Jahre 1983 wurde ein 5 ha großer Hof dazuerworben, auf dem eine zweite Familie mit dem Aufbau einer Gärtnerei und Imkerei anfing. 1988 trat ein weiterer Landwirt der Betriebsgemeinschaft bei. Der Betrieb umfaßt jetzt 45 ha und soll in den nächsten Jahren auf 60 ha vergrößert werden.

Der Verein «Sophienlust e. V.» wirtschaftet nicht selbst. Seine Aufgabe als Eigentümer besteht in der Garantie und Überwachung, daß Grund und Boden nicht beliehen oder verkauft werden. Warum wurde diese Form des gemeinnützigen Vereins als Eigentümer gewählt?

1. Die landwirtschaftliche Tätigkeit soll mit den heilpädagogischen Erfahrungen (der tätigen Landwirte und Gärtner) verbunden werden. Dafür ist eine derartige Vereinsform als Träger gut geeignet.

2. Gemeinnützige Einrichtungen stellen ihre Mittel einem selbständigen Unternehmen zur Verfügung (Landwirtschaftsgemeinschaft), um auf diese Weise den Vereinszweck zu verwirklichen. Daneben liegt hier immer Vermögensverwaltung des gemeinnützigen Vereins vor.

3. Durch den Eigentümer «Sophienlust e. V.» werden Grund und Boden nicht mehr an den Willen einer oder mehrerer Personen gebunden. Das Eigentum ist gewissermaßen «neutralisiert», d. h. der Boden ist nicht mehr als Handelsware zu verstehen, und es können auch keine Ansprüche vom Bodeneigentum hergeleitet werden, z. B. kann auch keine Beleihung (Hypothek) vorgenommen werden.

Zudem sehen die Landwirte der Betriebsgemeinschaft dadurch gewährleistet, daß die Hofnachfolge nicht nach erbrechtlichen Gesichtspunkten geregelt wird, sondern daß später die Möglichkeit für fähige Landwirte besteht, dort arbeiten zu können.

In schwierigen Finanzsituationen oder vor Investitionen wurde öfters erwogen, den Boden doch zu beleihen. Christof Klemmer betont, daß irgendwie doch immer wieder die gewünschte «Lösung ohne Hypothekenaufnahme» gefunden wurde.

### *Wenn kein Privateigentum, woher kommt dann das Interesse an der Landwirtschaft?*

Wenn Grund und Boden nicht als Beleihungsgrundlage dienen können, treten neue Probleme auf: Wie entsteht die Kreditwürdigkeit einer Bank gegenüber? Wie kommt die nötige Leistungsmotivation der Bauern zustande, wenn kein Privateigentum bzw. Eigentumsvermehrung im Vordergrund steht? Christof Klemmer dazu: «Eine Aufgabe aus sich heraus trägt vielleicht mehr, ja regt möglicherweise noch mehr zu Leistung an, als wenn nur das Eigentum verpflichtet.» Er fragt, ob die Form des Vereins als Eigentümer, zudem als juristische Person, die bestgeeignete sei. Das Ziel sei doch die Stärkung des individuellen Interesses der Vereinsmitglieder an der Erde. Ein Verein könnte auch anonymisieren, statt die individuelle Verantwortung zu fördern.

Ein Schlüsselelement aller Beteiligungsüberlegungen ist die «Meßgröße» eines Morgens Land (2500 $m^2$) je Mitglied. Christof Klemmer formuliert es so: «Wir wollen erreichen, daß nicht nur die Bauern ihre Verantwortung für die Erde empfinden, sondern jeder Mensch, auch der Städter. Hilfreich sind hierfür die Gedanken von Rudolf Steiner zur Verteilung von Grund und Boden. Er spricht davon, daß der Mensch mit der Geburt ein Stück Erde real in Besitz nimmt, von dem er sich ernähren müßte, auf dem er wohnen müßte usw. Das bedeutet auf die Bundesrepublik Deutschland übertragen: Die Fläche des Landes dividiert durch die Bevölkerungszahl ergibt ca. 4000 $m^2$ pro Person. Davon sind 1500 $m^2$ Industrie-, Wald- und Wohnfläche. Es bleiben 2500 $m^2$ landwirtschaftliche Nutzfläche pro Person. Auf dieser Fläche müssen theoretisch die Grundnahrungsmittel für einen Bundesbürger erzeugt werden. Es kann jeder Mensch, wenn er es möchte, für diese Fläche Verantwortung übernehmen und sich zunächst einmal in ideeller Weise mit unserem Hof verbinden.» Bis August 1988 waren von 180 möglichen Gesellschaftern, d. h. für 180 Morgen Land je ein Gesellschafter, immerhin 120 Menschen Mitglieder der Landwirtschaftsgemeinschaft Sophienlust. Diese verantwortungsberechtigten Menschen haben sich freiwillig zu einer *Verantwortungsgemeinschaft* zusammengeschlossen, um zu einer durch gemeinsame Vernunft getragenen Willensbildung zu kommen. Unter Verantwortungsgemeinschaft wird hier eine Gruppe von Menschen verstanden, welche in Freiheit eine Verantwortung der Zukunft gegenüber übernehmen.[5] Die Betriebsgemeinschaft führt die Landwirtschaft bzw. Gärtnerei als hauptamtliche Mitarbeiter im Auftrag für die anderen Gesellschafter und ist selbst Mitglied dieses Zusammenschlusses.

### *Wie wird man Mitglied einer LWG?*

Mit der GLS-Bank Bochum schließt jedes Mitglied einen Kreditvertrag über 3000 DM ab. Diese Einzelkredite werden gemeinsam dem Hof als Darlehen in der Weise zur Verfügung gestellt, daß jederzeit ein Teil der Gesamtsumme von den Bevollmächtigten der LWG bei der Bank in Bochum abgerufen werden kann. Das gemeinsame Kreditvolumen steht dem Betrieb als Liquiditätsreserve innerhalb eines Wirtschaftsjahres zur Verfügung. Da es sich bei der GLS-Bank um eine Genossenschaftsbank handelt, die ein gewisses Eigenkapital besitzen muß, sollte mit dem Eintritt ein Genossenschaftsanteil von 200 DM erworben werden. Wer schon Genosse ist, braucht keinen neuen Anteil zu zeichnen. Jedes Mitglied haftet persönlich bis zum Betrag von 3000 DM. Jedes Landwirtschaftsgemeinschaftsmitglied muß sich darüber hinaus bereitfinden, wirtschaftliche Leistungen zugunsten der Landwirtschaftsgemeinschaft zu erbringen gemäß besonderem Beschluß (Eintrittsbeitrag, lfd. Leistungen zur Kostensenkung oder Liquiditätsverbesserung der Landwirtschaftsgemeinschaft, Arbeitsleistungen u. ä.).

## *Zur Gesellschaftsform der LWG*

Die Landwirtschaftsgemeinschaft Hof Sophienlust ist eine BGB-Gesellschaft, die intern eine Vereinbarung über Haftungsfragen getroffen hat. Jeder Gesellschafter – bis auf die Landwirte – haftet mit höchstens 3000 DM. Die Landwirte sind wie andere Privatunternehmer auch Vollhafter, das heißt, sie haften mit ihrem gesamten privaten Vermögen. Diese Vereinbarung wurde gegenseitig getroffen, da die Überzeugung besteht, daß jeder Mensch, in diesem Falle eben auch die Landwirte, nur selber für seine Taten – und auch Fehler – haften kann. Christof Klemmer weist darauf hin, daß dieses Spannungsfeld zwischen großer Gestaltungsfreiheit, welche die LWG garantiert, und eigener Vollhaftung die «richtige» Seelenstimmung bringt, um «ungeahntes» unternehmerisches Engagement zu entfalten. Dieses Engagement sei aber nicht nur betriebswirtschaftlich, sondern trage, bedingt durch die Sozialstruktur, «Anfänge von volkswirtschaftlichen Gesichtspunkten» in sich. In seiner Eigenschaft als Mitglied der Landwirtschaftsgemeinschaft haftet im übrigen jeder Gesellschafter nur nach außen für die Verbindlichkeiten der Landwirtschaftsgemeinschaft gegenüber Dritten.

Die 120 Mitglieder der LWG bestimmen aus ihren Reihen Menschen, welche die Geschäfte führen: die sogenannten Bevollmächtigten. Monatlich treffen sich diese mit der Betriebsgemeinschaft zur Hofkonferenz, wo alle Dinge, die den Hof betreffen, besprochen werden. Diese Bevollmächtigten werden für drei Jahre gewählt und tragen durch fachliches Wissen, das sie aus vielen Berufen mitbringen, entscheidend zur Betriebsgestaltung bei.

Zu Beginn des landwirtschaftlichen Wirtschaftsjahres, d. h. zum 1. Juli, wird von den Landwirten gemeinsam mit dem Bevollmächtigten ein Jahresbudget erstellt. Wie oben ausgeführt, ist die Grundidee, daß die Betriebskosten bis zur Ernte vorfinanziert werden müssen und dieser Kredit dann durch den Verkauf der Ernte zurückgezahlt wird. Das Jahresbudget umfaßt den gesamten Wirtschaftskreislauf, d. h. Sachausgaben, Versicherungen, Investitionen, Erhaltung der Gebäude, Pacht, Personalkosten auf der *Aufwandseite*. Die Landwirte schätzen ihre Privatentnahmen selbst im vorhinein ein. Auf einer Gesellschafterversammlung am Ende des Wirtschaftsjahres werden die *Erträge* den Sach- und Personalausgaben gegenübergestellt. Da die Betriebsleiter und ihre

Familien Gesellschafter sind, gelten die «Personalkosten» als Entnahmen aus dem Gesellschaftsvermögen. Gewinn bzw. Verlust werden pro Gesellschafter, welche ja Mitunternehmer sind, ermittelt. Wenn volle Kostendeckung erreicht wurde, werden die Gesellschafter nicht «zur Kasse» gebeten. Bei eventuellem Gewinn wird dieser in der Regel nicht an die Gesellschafter ausgeschüttet, sondern an andere Höfe bzw. Einrichtungen abgegeben. Dieses ist auf Hof Sophienlust nach neun Jahren in bescheidenem Maße möglich. Die Hofgemeinschaft meint: «So wie wir durch die Erträgnisse anderer Menschen für unsere Arbeit freigestellt sind, sollen unsere Erträgnisse auch anderen Menschen zur Verfügung stehen.» Bei Verlusten wird empfohlen, daß die Gesellschafter in entsprechender Höhe Einlagen bei der Gesellschaft leisten.

Die Tatsache, daß die Landwirte des Hofes ihre Privatentnahmen in freier Form nach ihren Bedürfnissen bei der Budgetierung einschätzen – und diese Privatentnahmen von den Gesellschaftern garantiert werden, unabhängig von der Arbeitsleistung –, ist entscheidend für das angestrebte Ziel der *Trennung von Arbeit und Einkommen*. Es soll nicht mehr gearbeitet werden, weil man den Lebensunterhalt sichern muß, sondern man bekommt den Lebensunterhalt zur Verfügung gestellt, damit man seiner «Berufung» nachgehen kann. Christof Klemmer erläutert weiter: «Die Arbeit wird um so mehr um der Sache willen und nicht um des eigenen Überlebens willen getan!»

## *Sind die Landwirte in der LWG weisungsgebunden oder selbständig?*

Das ist eine oft gestellte und wichtige Frage. Die Landwirte sind im Rahmen der Landwirtschaftsgemeinschaft zur Führung der Geschäfte, d. h. der Ausübung der Landwirtschaft berufen und verpflichtet in grundsätzlicher Verantwortlichkeit gegenüber der Landwirtschaftsgemeinschaft. Sie führen deshalb die Geschäfte des Hofes im Rahmen grundsätzlicher Beschlüsse und des Budgets, an der alle Mitglieder der Landwirtschaftsgemeinschaft gleichberechtigt mitwirken. Darüber hinaus vertreten sie die Landwirtschaftsgemeinschaft nach außen im Rahmen eines besonderen Beschlusses der Landwirtschaftsgemeinschaft. Im Rahmen des Budgets kann von den Landwirten selbständig eingekauft und verkauft werden. Was darüber hinausgeht, muß in einer Gesellschafterversammlung besprochen und eventuell nachbudgetiert werden – oder der jeweilige Landwirt muß persönlich voll für seine Entscheidung haften. Kein Gesellschafter ist berechtigt, in die landwirtschaftliche Tätigkeit hineinzureden. Ziel der LWG ist es ja gerade, den Landwirt möglichst aus Abhängigkeiten zu befreien. Der *Gesellschaftsvertrag*, geschlossen zwischen LWG und den Landwirten, besagt, daß die Landwirte den Hof in «völliger Selbständigkeit und geistiger Unabhängigkeit» führen können nach Maßgabe der Beschlüsse der LWG. Daß dies auch in der Praxis klappt, belegt die Tatsache, daß es in den neun Jahren der Zusammenarbeit auf Hof Sophienlust noch keinen ernsteren Streit gegeben hat, obwohl oft sehr unterschiedliche Standpunkte vertreten werden.

Als eines der erfreulichsten Ergebnisse der LWG Sophienlust sieht Christof Klemmer das Faktum, daß in dem gemeinsamen Handeln von mehr als 100 gleichberechtigten Menschen sich immer die «Vernunft» durchgesetzt habe. Die Methode der gemeinsamen Begriffs- und Urteilsbildung sollte der Landwirt selbst auch für seine landwirtschaftlichen Maßnahmen auf dem Hof üben, denn er ist ja bestrebt, den anderen Gesellschaftern immer besser die Grundgedanken seiner Bewirtschaftung deutlich zu machen. Die «Hofindividualität», d. h. die Entwicklung eines standortgerechten Organismus, kann so stärker die Richtschnur für das tägliche Handeln werden.

### *Das Hoftreffen*

Alle acht bis zehn Wochen findet auf Sophienlust für die Gesellschafter das «Hoftreffen» statt. Im Schnitt nehmen ca. 40 Menschen diese Gelegenheit wahr. Zur Bilanzbesprechung am Ende des Wirtschaftsjahres sind ca. 80 Gesellschafter anwesend. Von den 120 Gesellschaftern ist fast jeder mindestens einmal pro Jahr auf «seinem» Hof. Wenn ein Gesellschafter keinen Kontakt mehr zum Hof haben sollte, bemühen sich die Bevollmächtigten, ihn wieder herzustellen, was zur erneuten Aktivierung, aber auch zum Ausscheiden des Mitglieds führen kann. Im Todesfall müssen die Erben die Bürgschaft des Verstorbenen – soweit von der LWG in Anspruch genommen – ausgleichen. Eine etwaige Kündigung muß drei Monate vor Beendigung des Wirtschaftsjahres erfolgen, wozu dann auch die Bürgschaft auszugleichen ist.

***Die Struktur von Hof Sophienlust***

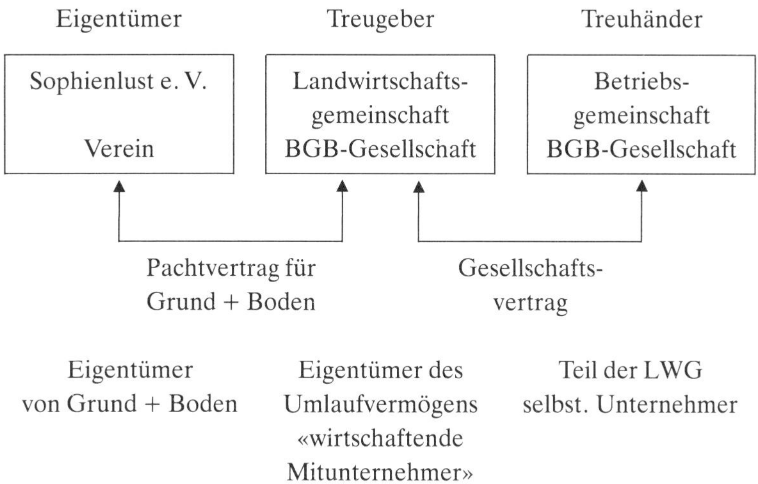


Beim Betrachten der Sozialstruktur der Gesellschafter fällt auf, daß ca. 75 % ein mittleres bis gutes Einkommen, 5 % ein sehr gutes und ca. 20 % niedrige Einkünfte haben (Zahlen geschätzt). Das Weltbild eines jeden Gesellschafters ist selbstverständlich seine Privatangelegenheit, und so bilden nicht nur Anthroposophen und daran stark interessierte Menschen die LWG. Ca. 25 % sind im weitesten Sinne ökologisch orientiert, wissen aber, daß die biologisch-dynamische Wirtschaftsweise auf der Anthroposophie beruht. – Das finanzielle Engagement ist freiwillig, grundsätzlich gibt es keinen Zahlungszwang. Jeder Gesellschafter kann gegenüber einem der Bevollmächtigten eine Erklärung abgeben, daß er die empfohlene Einlage zur Verlustdeckung nicht leisten kann. Von dieser Möglichkeit haben z. T. Rentner, Auszubildende bzw. Studenten Gebrauch gemacht. Die fehlende Summe wird durch andere Mitglieder ausgeglichen.

Die jährlichen Beträge zum Ausgleich des Budgets schwankten in den ersten sieben Aufbaujahren zwischen 100,– DM und 420,– DM. Der Gesamtumfang beträgt in den fast zehn Jahren des Bestehens der LWG nur 1500,– DM pro Mitglied. Ab 1986 ist ein Überschuß zu verzeichnen. Jährlich werden drei bis sechs neue Gesellschafter aufgenommen. Von den ursprünglich 137 Gesellschaftern sind noch 119 aktiv dabei. Nur neun traten aus, weil sie sich grundsätzlich etwas anderes vorgestellt hatten, zwei gaben finanzielle Gründe an, vier haben den Wohnsitz geändert, zwei starben. Insgesamt eine erfolgreiche Bilanz. Die persönliche Ausstrahlung und das Engagement von Familie Klemmer und den Mitarbeitern, das ganze Umfeld und der langfristige Wunsch, «ihre» Idee auf den Boden zu bringen und sie durchzutragen, sind sicherlich für die positive Situation auf Hof Sophienlust verantwortlich.

In der LWG Sophienlust betrachtet man den Gesellschaftsvertrag als Spiegel der momentanen Einsicht und Erfahrung. Nach außen war es schwer, z. B. dem Finanzamt oder einer konventionellen Bank die Konstruktion der LWG oder Betriebsgemeinschaft plausibel zu machen, solange keine vertraglichen Regelungen vorzuweisen waren. Die *Altersversorgung* und *Hofnachfolge* sind geregelt. Die Landwirte schlagen im Einvernehmen mit den Bevollmächtigten der Landwirtschaftsgemeinschaft ihre Nachfolger vor. Die LWG muß diese bestätigen, kann aber ihre Zustimmung aus wichtigem Grund verweigern. Die Landwirte sind auf Lebensarbeitszeit zum Betreiben der Landwirtschaft berechtigt und besitzen auch ein Altenteilsrecht, welches Wohnung und Naturalversorgung umfaßt. Die landwirtschaftliche Alterskasse reicht bei weitem nicht zur Versorgung im Alter aus, so daß darüber nachgedacht wird, wie eine zusätzliche geldliche Absicherung zu gestalten ist.

Zusammenfassend stellt Klemmer fest, daß die Arbeit mit dem Verein und der Hofgemeinschaft das Verhältnis zwischen Stadt- und Landbevölkerung verbessert hat. Man müsse sich vom Hof her aber «wirklich» öffnen und gerne mit anderen Menschen zusammenarbeiten wollen. Es handelt sich um bescheidene Bemühungen und Ansätze, Stadtmenschen eine neue Beziehung zur Natur zu vermitteln. Für die Bauern und Gärtner innerhalb der LWG sei die wichtigste Erfahrung die, daß sich Menschen ganz frei von äußeren Zwängen um eine Sache zusammenschließen und daß dadurch die Grundlage zum Entstehen neuer Formen des Zusammenlebens und -arbeitens verwirklicht werden kann.

## *Landwirtschaftsgemeinschaften heute – Erfolge und Probleme*

Mit der LWG Sophienlust wurde ein positives Beispiel einer solchen Sozialform beschrieben. Es gibt andere Höfe und Gemeinschaften, die seit Entstehen der ersten LWG (Schepershof 1978) ihren Weg suchen. Werfen wir einen Blick auf die *Erfolgsseite*:

1. Es wird – in einer Gemeinschaft – bis hinein ins finanzielle Engagement Verantwortung für die Natur getragen und nicht nur von der Notwendigkeit dazu gesprochen. Durch Hofbegehungen, Feste etc. wird versucht, ein soziales Umfeld um den Hof zu gestalten.

2. Die Form der Leih- bzw. Wirtschaftsgemeinschaft als Übungsfeld für die Landwirtschaftsgemeinschaft schafft neue Bezüge zum Geld- und Kreditwesen und ist mittlerweile in der Bochumer Bankarbeit zu einem wichtigen Instrument geworden. Ende 1987 hatten sich ca. 10000 Menschen in 394 Leihgemeinschaften zusammengeschlossen. Die BfS (Berlin) und die Ökobank (Frankfurt) haben diese Idee mittlerweile übernommen. Die beteiligten Menschen in einer LWG spüren ihre eigene Wirkung im Wirtschaftsleben. Sie können auch spüren, daß Landwirtschaft sehr kostenintensiv ist.[6]

3. Landwirte und Gärtner ohne einen Betrieb bekamen die Möglichkeit, selbständig Landwirtschaft zu betreiben.

4. Die Form und Praxis einer LWG trägt Züge «volkspädagogischen» Charakters, d. h. der Landwirt selbst ist ständig dabei, sich zu entwikkeln im Dialog mit den Mitunternehmern, nicht nur in wirtschaftlichen, sondern auch in rechtlichen Fragen.

4. Es können neue Formen von landwirtschaftlicher Bezuschussung geübt werden.

*Probleme* gibt es:

1. Der Verein als Eigentümer fristet sehr oft nur ein Schattendasein, ist eher ein «notwendiges Übel». Die Stellung des Vereins als Treuhänder für das Grundeigentum sollte stärker betont werden. Schließlich führen die Landwirte ihre Arbeit in Absprache mit dem Verein aus.

2. Die LWG ist auf manchen Höfen fast zu einer reinen «Finanzierungsgemeinschaft» geworden, d. h. es werden nur noch neue Investitionen finanziert bzw. entstandene Verluste abgedeckt. Deshalb betonte z. B. Dr. Manfred Klett von der LWG Dottenfelder Hof in einem Gespräch, daß das Bewußtseinszentrum für eine Landwirtschaft die Betriebsgemeinschaft sein sollte. Dies gilt aber nicht speziell nur bei einer LWG. Diese Konflikt tritt immer dann auf, wenn Eigentümer und Nutzer nicht identische Personen sind und wenn neue Wege der Gestaltung beschritten werden.

3. Wenn die tätigen Landwirte nicht überdurchschnittlich motiviert und begeistert sind, wird gelegentlich die Notwendigkeit der LWG in Frage gestellt, nämlich dann, wenn das Land freigekauft ist und alle Investitionen getätigt sind. Wo ist das gemeinsame Ziel der Mitglieder einer LWG?

4. Die Idee, das Budget durch Bürgschaften vorzufinanzieren, erscheint manchem fragwürdig. M. Klett verweist auf die Situation der Natur: Die Ernte des Vorjahres ermöglicht die neue. Der Humus, der im Frühjahr verbraucht wird, der Apfel, der im Herbst reift, sie sind im vergangenen Jahr gebildet. Man könnte sich fragen, warum im wirtschaftlichen Bereich einer Landwirtschaft andere Gesichtspunkte eine Rolle spielen sollten als im sonstigen Gewerbe. Der Hauptunterschied liegt wohl in der Tatsache, daß die eigentliche Urproduktion, die Nutzung der den Menschen gegebenen Naturgrundlage, benachteiligt werden muß, ob rentabel oder nicht. Jede Gesellschaft muß für die Kosten der Lebensmittelerzeugung aufkommen. Ein Übungsfeld also, um nicht nur für das einzelne Lebensmittel verantwortlich zu sein, sondern für die Pflege der Erde überhaupt.

5. Die Idee der LWG lebt von der Improvisation, von der individuellen Gestaltung. Im rechtlichen bzw. steuerlichen Bereich gab und gibt es zu wenig Hilfestellungen. Teilweise existieren keine Vereinbarungen zwischen der Betriebsgemeinschaft und der Landwirtschaftsgemeinschaft. Es wird bemängelt, daß z. T. nicht genügend qualifizierte Ansprechpartner für Finanz-, Rechts- und Steuerfragen da sind. Zum steuerlichen Sektor ist festzustellen, daß bislang keine der bestehenden LWGs eine endgültige Bestätigung des zuständigen Finanz-

amtes hat, daß die Gesellschafter tatsächlich Mitunternehmer sind. Es ist also alles noch im Fluß.

Insgesamt wohl eine Möglichkeit, die Pflege der Erde real zu praktizieren, aber keine fertige Methode, sondern ein gangbarer Weg. Es gibt keine Rezepte im Sozialen. So sollte der Form einer LWG doch mehr Beachtung geschenkt werden. Dieser Bericht kann das persönliche Gespräch, das notwendig ist, um ein Urteil im Sozialen zu bilden, nicht ersetzen. Zum eigenen Studium mit den Grundlagen und praktischen Ansätzen soll angeregt werden. Christof Klemmer legt Wert darauf, daß die LWG eben nicht nur eine rein technische Frage ist, sondern eine dem Leben abgerungene, d. h. existentielle. Der Erkenntnisprozeß, der Weg des Übens sollte beschritten werden.

## *Literatur*

1 Vergl. Brügge, Peter, 1984: *Die Anthroposophen.* Reinbek, S. 125ff.: «Strahlung aus Kosmos und Kompost».

2 Vergl. Limbacher, Max. V., 1986: *Projekt Anthroposophie.* Reinbek, S. 168ff., Dottenfelder Hof – biologisch-dynamischer Landbau auf der Basis eines Gemeinschaftskonzeptes.

3 Als Quelle diente Klemmer, Christof, 1988: Landwirtschaftsgemeinschaft Hof Sophienlust. Unveröffentlichtes Manuskript.

4 Vergl. auch Caspars, E., 1983: *Landwirtschaftsgemeinschaften der biologisch-dynamischen Wirtschaftsweise*, Dipl.-Arbeit, Osnabrück, und Schweisfurth, K., 1987: *Landwirtschaftsgemeinschaften der biologisch-dynamischen Wirtschaftsweise*, Dipl-Arbeit, Stuttgart.

5 Vergl. Lievegoed, B. C. J., 1988: *Soziale Gestaltung.* Vortragsfolge, S. 110ff. Verantwortungsgemeinschaften, Frankfurt.

6 *Bankspiegel:* versch. Nummern; herausgegeben von GLS Gemeinschaftsbank, Gemeinnützige Treuhand e. V., Gemeinnützige Kreditgarantiegenossenschaft, Bochum, und *Ökokorrespondenz*, Nr. 3, April 1988: Leih- und Tilgungsgemeinschaften (LTG) und Bürgengemeinschaften. S. 5, Ökobank, Frankfurt.

Heinz Gengenbach

# Landbauforschungsgesellschaften

Ebenso wie die Landwirtschaftsgemeinschaften sind auch die Landbauforschungsgesellschaften (kurz: LFG) aus der intensiven Zusammenarbeit von biologisch-dynamisch wirtschaftenden Landwirten und der anthroposophisch orientierten Bankinitiative in Bochum entstanden.

Die Grundabsichten, die diesen Bestrebungen als geistiges Fundament dienen, bestehen darin, in einer Gemeinschaft individuell und standortgerecht einen «Hoforganismus» zu entwickeln. Nachdem der historische Hintergrund und das Umfeld bis zur Geburtsstunde der ersten Landbauforschungsgesellschaft (LFG) in Fuhlenhagen, Ostholstein, beleuchtet sind, wird ein Blick auf drei weitere LFGs geworfen.

## *Historischer Hintergrund*

In den 60er Jahren gab es gleichzeitig zwei Impulse zu neuer Sozialgestaltung, die beginnende Bankarbeit in Bochum und die Bemühungen in landwirtschaftlichen Betrieben. Im Hinblick auf den Zeithintergrund ist es ein interessantes Detail, daß um 1960 die Kollektivierung in der DDR abgeschlossen war. Einer der Gründe, warum bisher so wenige kooperative Unternehmen entstanden sind, liegt sicher auch in der Skepsis gegenüber der im Osten staatlich bestimmten, kollektiv geführten Landwirtschaft.

Zu beschreiben sind die Möglichkeiten der Zusammenarbeit von Landwirten und Beteiligungsformen für Menschen aus anderen Arbeitsbereichen, die ihre Verantwortung für die Landwirtschaft bis zu einem finanziellen Engagement als «Mitunternehmer» praktisch und konkret umsetzen wollen. Staatlich «verordnete» Formen sind mit den im folgenden beschriebenen Versuchen ausdrücklich *nicht* gemeint. Vielmehr schliessen sich freiwillig Einzelpersönlichkeiten zusammen, um eine krisensichere, den Naturhaushalt pflegende Landwirtschaft zu betreiben und dies nicht allein den Landwirten zu überlassen.

Die Landwirtschaft hatte sich damals, 1955, durch das Landwirtschaftsgesetz und die Europäische Wirtschaftsgemeinschaft (EWG, gegründet 1958) ständig sich verändernden Rahmenbedingungen anzupassen. 1962 war eine gemeinsame europäische Agrarmarktpolitik beschlossen und in Kraft gesetzt worden. Der allgemeine wirtschaftliche Aufschwung war zu Beginn der 60er Jahre auf dem Höhepunkt; durch Technik versuchte man in der Landwirtschaft, die Arbeitskräfte zu ersetzen, die abwanderten. 1968 wurde auf Initiative des damaligen EG-Agrarkommissars Sicco Mansholt beschlossen, die gewachsene bäuerliche Agrarstruktur in eine Großbetriebs-Landwirtschaft umzuwandeln. Trotz heftiger Diskussionen zum Für und Wider einer solchen Entwicklung setzte ein Strukturwandel gewaltigen Ausmaßes ein.

Was passierte in der biologisch-dynamischen Bewegung? Einige Pioniere stellten kurz nach dem Kriege ihre Betriebe um. 1946 wurde der Forschungsring für Biologisch-Dynamische Wirtschaftsweise neu gegründet. 1952 begann die Arbeit im Institut für biologisch-dynamische Forschung in Darmstadt. Im gleichen Jahr schlossen sich auch die Bauern im Nordwesten zur Bäuerlichen Gesellschaft Nordwestdeutschland (BGN) zusammen. 1954 erfolgte die Gründung des Demeter-Bundes.[1] Die Gründung des gemeinnützigen «Vereins zur Forschung, Fortbildung und sozialer Fürsorge auf dem Lande (VFFF)» im Jahre 1962 war eine wichtige Etappe auf dem Weg zur Realisierung von Landbauforschungsgesellschaften. Die aktiven Persönlichkeiten in diesem Kreis, u. a. Dr. Nikolaus Remer, Gotthilf Goyert, Trauger und Hans Groh, wollten Bildungsstätten auf Höfen entstehen lassen. Neben der erwerbswirtschaftlichen Seite sollte eine kulturelle Aufgabe ergriffen werden. In regelmäßigen Treffen des Vereins befaßte man sich intensiv mit der Frage von Recht und Eigentum an Grund und Boden, der Urgrundlage der Landwirtschaft. Der ganze Mensch im vom Jahreslauf bestimmten Lebensrhythmus soll im Rahmen eines gestalteten landwirtschaftlichen Organismus «seinen» Platz einnehmen können. Außerdem sollte, wie in einer Veröffentlichung aus dem Jahre 1972 zu lesen ist, auch die Erweiterung des menschlichen Bewußtseins im praktischen Leben durch wissenschaftliche Forschung (ausgehend von den naturwissenschaftlichen Schriften Goethes bzw. der erweiterten Sicht Rudolf Steiners) nicht vernachlässigt werden.[2]

## *Von der Idee über die Anschauung zur Anwendung*

Rudolf Steiner hat in seiner Schrift «Geisteswissenschaft und soziale Frage» (1905) einen möglichen Weg aufgezeigt. Das «Soziale Hauptgesetz» bedeutet, man solle mit Blick auf den anderen seine Arbeit und Bedürfnisse ausrichten. In der Landwirtschaft ist dies dadurch möglich, daß Menschen verantwortlich Grund und Boden als Eigentum treuhänderisch übernehmen.[3] Gemeinsam mit den Landwirten kann darüber gewacht werden, daß die Landnutzung unter Beachtung der Lebensgesetze im Sinne dieses *Sozialen Hauptgesetzes* erfolgt. Damit ging es an ein Tabu; denn welcher Landwirt trennt sich freiwillig von «seinem» Eigentum, wenn nicht wirtschaftliche Not oder staatliche Zwangsmaßnahmen ihn dazu drängen?

Vor einer solchen Entscheidung, nämlich das Eigentum neu zu überdenken und zu gestalten, stand Carl August Loss aus Fuhlenhagen, Ostholstein. Vertrauen in den anderen ist die größte Schwierigkeit bei der Umsetzung neuer Formen. Seine Familie und er müssen es wissen, sind sie doch die Pioniere und Mitbegründer der ersten gemeinnützigen Landbauforschungsgesellschaft mbH im Jahre 1968. Schon 1953 hatte das Ehepaar Loss beschlossen, seinen Hof biologisch-dynamisch zu bewirtschaften. Damit waren sie und ihr traditionsreicher Hof, der schon seit vielen Generationen in Familienbesitz ist, in eine Außenseiterrolle im Dorf gedrängt, wie Loss in einem Gespräch im Sommer 1988 beschreibt. Der Kontakt zu Persönlichkeiten wie Dr. N. Remer, dem Landwirt Karl von Hörsten oder dem Notar Wilhelm Ernst Barkhoff waren prägende Momente in seiner Biographie. Durch sie fand er Anschluß an den oben beschriebenen Verein zur Forschung, Fortbildung und sozialer Fürsorge auf dem Lande (VFFF) und damit an die Diskussion um neue Gestaltungsformen in der Landwirtschaft. Man hatte die Rechtsform einer Stiftung gemeinsam mit einem Rechtsanwalt als Möglichkeit bedacht, um die Idee eines kulturellen Zentrums auf dem Lande zu verwirklichen.

## *Die Geburtsstunde der ersten gemeinnützigen Landbauforschungsgesellschaft*

Der Betrieb der Familie Loss wurde im Jahre 1968 sehr extensiv, d. h. mit wenig Vieh und ohne Einsatz von zugekauften Fremdstoffen geführt. Wohl war der Betrieb schuldenfrei, doch auf Dauer nicht ertragreich genug. Loss, selbst Maschinenbauingenieur und nach dem Tod seines Bruders im Zweiten Weltkrieg Landwirt geworden, war Repräsentant öffentlicher Ämter, u. a. Bürgermeister im Ort. Aufgrund seiner Offenheit gegenüber «ernsthaften» Menschen hatte er die Diskussion um eine freie, nicht eigentumsgebundene Landwirtschaft aufmerksam verfolgt. So unterbreitete er 1967 den Menschen innerhalb des VFFF den Vorschlag, seinen Hof und sein Eigentum für einen praktischen Versuch neuer Sozialgestaltung zur Verfügung zu stellen. Er hatte damit den Grundstein für eine Entwicklung gelegt, wo absoluter Pioniergeist und Improvisation gefragt waren.

Im September 1968 war es soweit: Dr. Gisela Reuther, Dr. N. Remer, Eberhard Paech, Martin Groh und andere Persönlichkeiten bildeten als Gesellschafter den neuen Eigentumsträger, die gemeinnützige GmbH Fuhlenhagen. Im Dezember 1968 übernahm diese Gesellschaft durch notariellen Schenkungsvertrag den Hof. Rechtliche Schwierigkeiten folgten, insgesamt zwei Jahre dauerte die eingehende Beweisaufnahme durch den Landwirtschaftssenat des Oberlandgerichts Schleswig, bis dieser Schenkung zugestimmt wurde. Die Übertragung des Hofes auf einen gemeinnützigen Träger, so wurde befunden, stelle keine ungesunde Verteilung von Grund und Boden dar, und die biologisch-dynamische Wirtschaftsweise sei eine nach den Regeln bäuerlicher Kunst arbeitende Methode.[3] In Stellungnahmen der landwirtschaftlichen Behörden wurde häufig die fehlende Wirtschaftlichkeit bemängelt, und hätten nicht zwei Jahresabschlüsse der jungen Betriebsgemeinschaft Dottenfelder Hof, Bad Vilbel, vorgelegen – wer weiß, wie lange die Beweisaufnahme noch gedauert hätte.

Die Bewirtschaftung des Hofes übernahmen die Eheleute Loss in freier Zusammenarbeit mit Gisela und Trauger Groh. Die weitere Entwicklung bis zur Aussiedlung des im Dorfe gelegenen Hofes ging zügig vonstatten. Von 1971–1973 entstand ein neuer Hof, der Buschberghof, mit einem modernen Kuhstall und einem zweiflügeligen Wohngebäude. Im Rahmen der Flurbereinigung im Jahre 1970 wurden die ca. 85 ha Betriebsfläche nahe an den neuen Hof gelegt. Zur Verarbeitung des eigenen Getreides zu Brot im neugebauten Holzbackofen und zur Verarbeitung der Milch kam noch die Einrichtung eines Ladens auf dem alten Hof hinzu.

Innerhalb der gemeinnützigen Landbauforschungsgesellschaft Fuhlenhagen wurde schon 1969 das «Landwirtschaftlich-Kulturpädagogische Zentrum» gegründet. Gisela Groh ist für die sozialtherapeutische Arbeit verantwortlich. Hilfsbedürftige Menschen werden im Rahmen einer therapeutischen Wohngemeinschaft betreut und in die Lebens- und Arbeitsprozesse des Hofes eingegliedert. Manche werden nach einer Zeit der Entwicklung und Kräftigung in ein Erwerbsleben entlassen. Die soziale Fürsorge spielt in allen Landbauforschungsgesellschaften eine wichtige und zentrale Rolle (mehr dazu in folgendem Bericht über die Landbauforschungsgesellschaft Hasenmoor).

Der landwirtschaftliche Betrieb und die Sozialarbeit wuchsen unaufhörlich. An dem Ort, wo früher das Auskommen für eine Familie schwierig war, wirkten jetzt vier Familien zusammen. Die Landwirtschaft inklusive der Nebenbetriebe (Mühle und Bäckerei, Maschinenwerkstatt, Laden, Milchverarbeitung) kann ca. 300 Menschen mit den wesentlichen Lebensmitteln – außer Obst – versorgen. Aus dem in über zehn Jahren gewachsenen Umkreis des Hofes entstand der Wunsch, diejenigen Menschen, die sich mit den Nahrungsmitteln des Hofes versorgen, mehr an den Hof zu «binden».

### *Eine neue Gesellschaftsform in Fuhlenhagen: Die Landwirtschaftliche Arbeitsgemeinschaft (LAG)*

Ein Aufruf wurde verfaßt für eine Arbeitsgemeinschaft, bestehend aus den Landwirten in der Hofgemeinschaft und interessierten Menschen aus dem Umkreis. Es sollten die Deckung der Betriebs- und Lebenshaltungskosten der Betreiber sichergestellt werden, außerdem sollte durch tätige Mithilfe im Betrieb und jede denkbare sonstige Mithilfe erreicht werden, daß eine gesunde Landwirtschaft ohne Einfluß einseitiger wirtschaftlicher Interessen betrieben werden kann (siehe Information der Bochumer GLS-Bank: Landwirtschaft geht jeden an: Der Buschberghof). Gemeinsam mit den «Bochumern» wurde die *Vereinbarung über die Zusammenarbeit selbständiger und rechtlich unabhängiger Menschen in der Landwirtschaftlichen Arbeitsgemeinschaft Buschberghof* erarbeitet und am 1. Juli 1981 verabschiedet. Von nun an gab es also neben den Landwirten weitere «verantwortliche» Betreiber (die Landwirtschaftsgemeinschaften (LWG) sind grundsätzlich mit dieser Praxis und Form vergleichbar, siehe Seite 78 und Anhang).

## *Die Situation im Jahre 1988*

Von den Betreibern der landwirtschaftlichen Forschungsgesellschaft im Jahre 1968 ist in der Landwirtschaft niemand mehr aktiv. C. A. Loss ist schon auf dem Altenteil, und Trauger Groh verließ im Jahre 1985 den Betrieb, um in den USA die Temple/Wilton Community Farm zu begründen.[4]

Mehrere Familien haben seit 1968 inzwischen den landwirtschaftlichen Betrieb geführt. 1988 wurde ein neuer Zusammenschluß, die *Selbstversorgergemeinschaft* (SVG) begründet. Ziel ist es nicht, die Kunden des Hofes mit Lebensmitteln zu versorgen, sondern ein Bewußtsein dafür zu entwickeln, wo jeder einzelne Mensch in seinem Lebensbereich die Verantwortung für andere Menschen und gemeinsam mit den übrigen Mitgliedern der SVG auch über die Ernährung hinaus die Bewirtschaftung des Landes tragen kann.

Konkret heißt das, der Buschberghof mit seinen 75 ha landwirtschaftlicher Nutzfläche kann ungefähr 80 Familien (etwa 300 Personen) als Lebensgrundlage dienen. Es kam zu einem freiwilligen, rechtlich unverbindlichen Zusammenschluß. Die SVG trägt die – vorausgeplanten – Kosten des landwirtschaftlichen Wirtschaftsjahres und stellt Kapital und Betriebsmittel für Urproduktion und Verarbeitung zur Verfügung. Auf einer Jahresversammlung wird der Etat besprochen und ein sog. Richtsatz festgelegt, der der grundsätzlichen Orientierung für das einzelne

Mitglied dient. Je nach Höhe des Familieneinkommens erfolgt die Selbsteinschätzung. Im Moment liegt dieser Anteil bei DM 120,– pro Monat. Bisher haben ca. 50 Familien von dieser Möglichkeit der Mitgliedschaft in der SVG Gebrauch gemacht, die Verteilung der Lebensmittel liegt so in den eigenen Händen. Man versucht, von den produktionsbezogenen Preisen wegzukommen. Für die Einnahmen wird ein Extrakonto geführt, dessen Verwaltung auch in den Händen der Gemeinschaft liegt. Wer sich weiter an den Hof binden möchte, kann in die Landwirtschaftliche Arbeitsgemeinschaft (LAG) eintreten, um auch im Rahmen einer Leihgemeinschaft weitergehende Verantwortung zu tragen.

Wie geht es weiter? Von den Loss-Kindern will niemand Landwirtschaft betreiben. Loss selbst kümmert sich nach dem Weggang seines Kollegen Trauger Groh um die Landbauforschungsgesellschaft, speziell um die Buchführung. Die Landbauforschungsgesellschaft nimmt weiter die Rechte als Eigentümer an Grund und Boden wahr und läßt die Sozialarbeit durchführen. Die Gelder für die Betreuung werden alle über die Landbauforschungsgesellschaft verwaltet.

Loss hat viele Menschen kommen und gehen sehen, mit allen gern gearbeitet und seine Lebensidee, sein Ideal zu verwirklichen versucht. Seinen mutigen Schritt, auf privates Boden- und Gebäudeeigentum zu verzichten, hat er nie bereut. Da weder er noch Trauger Groh einen Nachfolger bestellt haben, ist der Hof nach 20 Jahren wieder in einer Umbruchsituation. Junge Landwirte und Pädagogen suchen «ihren» zeitgemäßen Weg. Momentan wird das Verhältnis der Landbauforschungsgesellschaft zur neugegründeten Selbstversorgergemeinschaft bzw. zur Landwirtschaftlichen Arbeitsgemeinschaft aufgearbeitet und über Aufgabenteilung entschieden. So existieren zur Zeit die LFG, welche nicht selbst wirtschaftet, außerdem die LAG, welche die Arbeit bewerkstelligt und die menschlichen Verhältnisse ordnet. Die SVG ist für Vermarktung und Verteilung zuständig und soll die Landwirte für ihre eigentliche Aufgabe, die Urproduktion und die Pflege von Mensch und Erde, freihalten. Es gibt also keine fertigen Konzepte. Die soziale Frage lebt, sie muß von den einzelnen Menschen von innen heraus jeweils neu gegriffen werden.

Seit 1968 sind in Norddeutschland weitere drei Landbauforschungsgesellschaften entstanden. Im folgenden sei auf verschiedene Schwerpunkte dieser Gesellschaften eingegangen.

## *Gemeinnützige Landbauforschungsgesellschaft Hasenmoor mbH*

Seit 1915 wird Hof Hasenmoor/Holstein von Familie Ehlers bewirtschaftet, 1949/50 stellten sie auf biologisch-dynamische Wirtschaftsweise um. Der Absatz der Produkte war damals im allgemeinen nur zu «normalen» Preisen möglich, ihre Erzeugnisse gaben sie größtenteils direkt an den Endverbraucher ab. Beim Gespräch im Sommer 1988 betonten sie, daß es sehr mühsam war, einen Markt für naturbelassene Produkte zu entwickeln. Die Reformhäuser begannen erst allmählich Ende der 50er Jahre diese Produkte für sich zu entdecken.

Doch nicht nur in der landwirtschaftlichen Tätigkeit bestand das Anliegen von Familie Ehlers senior. Man orientierte sich z. B. am Wurzerhof in Kärnten/Österreich, wo Dr. Erhard Bartsch und Dr. Karl König eine Synthese bzw. Kombination von Landwirtschaft und Sozialarbeit begonnen hatten. Ende der 60er Jahre hielt Dr. Karl König in Hamburg einen Vortrag über diese Thematik. Es sprach sich herum, daß auf Hof Hasenmoor Menschen gebraucht wurden. Die biologisch-dynamische Wirtschaftsweise mit einer vielfältigen Fruchtfolge und einem hohen Anteil an Feldgemüse, der viel Handarbeit erfordert, zog aber nicht nur arbeitswillige und -fähige Menschen, sondern auch hilfsbedürftige, sozial gefährdete Menschen an. Ende der 60er Jahre gab es fünf Betreute im Rahmen der Kleinfamilien-Betreuung in Hasenmoor. Die Sozialbehörden in Hamburg erkannten dies ausdrücklich an.

Die beiden Söhne von Ehlers sollten im Zuge des Generationenwechsels verantwortlich in die zukünftige Form der Bewirtschaftung des Hofes einbezogen werden. Ihre Interessen, Landwirtschaft und sozialtherapeutische Arbeit, waren klar. Man hatte natürlich von den Aktivitäten in Fuhlenhagen und auf dem Bauckhof, Amelinghausen, gehört. Die dort geleistete Vorarbeit ebnete den Weg. Im Jahre 1971 entschloß sich Familie Ehlers unter Mithilfe vieler Persönlichkeiten aus dem Umkreis des Hofes und wiederum der Bochumer Bank, den Schritt zu wagen, auf Eigentum an Grund und Boden zugunsten einer gemeinnützigen Landbauforschungsgesellschaft mbH zu verzichten. Durch Überlassungsvertrag wurde der Ehlerssche Hof auf die Landbauforschungsgesellschaft Hasenmoor übertragen.

Wie funktioniert die LFG Hasenmoor? Die Landbauforschungsgesellschaft Hasenmoor wirtschaftet *nicht* selbst, ist also in ihrer Tätigkeit

*Hof Weide*

nicht auf Erwerb gerichtet und bildet so den Rahmen für eine sozialtherapeutische Lebens- und Arbeitsgemeinschaft auf anthroposophischer Grundlage. Zur Erfüllung ihres Zwecks kann die LFG zusätzliche landwirtschaftlich nutzbare Grundstücke und Gebäude erwerben, die sie von anderen biologisch-dynamisch bewirtschaften läßt. Diese anderen, momentan die Familie Ehlers, sind in einer Gesellschaft bürgerlichen Rechts (GbR) zusammengeschlossen und werden im folgenden *Hofgemeinschaften* genannt. Zu dem Hof in Hasenmoor sind mittlerweile zwei weitere selbständige Bereiche in Hof Weide (1980) und Hardebek (1987) hinzugekommen. Es existiert noch eine kleine Wohneinheit in Hartenholm (1987 wurde das Haus von der LFG erworben). Seit 1983 werden zudem landwirtschaftliche Flächen in Rodenbek von Hasenmoor aus bewirtschaftet. Diese insgesamt vier Hofgemeinschaften nutzen *treuhänderisch* Grund und Boden. Sie sind lediglich Eigentümer des Inventars. In den vier selbständigen Wirtschaftseinheiten wird Landwirtschaft und Sozialarbeit betrieben. Erlöse entstehen hauptsächlich durch Pflegegelder für die Betreuten und durch landwirtschaftliche Erzeugnisse (Eigenerzeugnisse, verarbeitete bzw. veredelte Lebensmittel und Handelsware). Dem Eigentümer, der LFG, werden als Nutzungsentschädigung die entstandenen Kosten erstattet (Versicherungen, Abschreibungen, Zinsen, Tilgung etc.). Die jeweiligen Wirtschaftsbereiche erfassen ihre Daten einzeln, die dann zur Bilanz des Wirtschaftsbereiches innerhalb der GbR zusammengefaßt werden. Die verantwortlichen Landwirte geben gegenüber dem Finanzamt eine eigene persönliche Einkommensteuererklärung ab. Durch die Art und Weise, wie die Geschäftsführung der Gesellschaft mbH von Beginn an wahrgenommen wird, ist es möglich geworden, in den einzelnen Tätigkeitsbereichen die entsprechende Verantwortlichkeit aufrechtzuerhalten. Die LFG ist mit der Vermögensverwaltung, der Forschung und der Sozialtherapie als gemeinnützig anerkannt und wird daraufhin geprüft. 1988 wird daran gearbeitet, neben Familie Ehlers sen. und den Familien der beiden Söhne noch langjährige Mitarbeiter verantwortlich miteinzubeziehen. Die vertragliche Regelung des Innenverhältnisses LFG und Hofgemeinschaft und der sie bildenden Menschen soll grundsätzlich neu formuliert werden.

Seit 1971 ist in Hasenmoor einiges passiert. Mehr als 1,5 Mio DM wurden in Grund und Boden bzw. Gebäuden investiert. Diese Gelder stammen zum großen Teil aus Mitteln der Wohlfahrtsverbände, aus den Erlösen, aus Spenden und durch Darlehen aufgebrachtes Kapital.

Hartwig Ehlers, der im Moment mit dem Aufbau einer Lebens- und Arbeitsgemeinschaft in Hardebek beschäftigt ist, meint: «Jetzt ist die Grenze der praktizierbaren Größe erreicht.» Die ganze Sache müsse überschaubar sein und bleiben.

Die Sozialämter sehen die LFG Hasenmoor offiziell als ihren Partner an. Diese übergibt die Betreuungsaufgaben im sozialtherapeutischen Bereich an die einzelnen Hofgemeinschaften. Die LFG Hasenmoor ist Mitglied des Deutschen Paritätischen Wohlfahrtsverbandes. Außerdem besteht im Rahmen des VFFF für andere Höfe die Möglichkeit, über das Landessozialamt hilfsbedürftige Menschen aufzunehmen.

Das pädagogische Konzept wird im gemeinsamen Zusammenleben in Familien und im gemeinsamen Arbeiten in Produktionsbetrieben gesehen.[5] Die Menschen sollen durch Heranführung, Ausbildung und Beschäftigung im Arbeitsbereich befähigt werden, ihre individuelle Lebenssituation auszugestalten. Im Rahmen eines landwirtschaftlichen Betriebes (unabhängig von der Größe), durch verantwortliche Pflege der Naturreiche nach den Anregungen Rudolf Steiners im Landwirtschaftlichen Kurs und durch Arbeit in Werkstatt- und Dienstleistungsbereichen sollen diese Ziele erreicht werden. Die Vielfalt und Ergänzung der einzelnen Bereiche, wie Veredelung der Produkte, Verpackung, Bäckerei, Woll- und Textilverarbeitung, Holzwerkstatt, Gärtnerei, Landschaftspflege und Hauswirtschaft, erleichtern es den Betreuten, ihren «primären» Lebensrahmen zu erfassen und ihren Willen zum Mittun auszubilden. Eine wesentliche Rolle spielt das wöchentliche obligatorische *Hofgespräch*. Dort sind Rückschau, Arbeitsplanung und individuelle Lebensplanung Hauptthemen. Ein pädagogischer Arbeitskreis, bestehend aus verantwortlichen Mitarbeitern der einzelnen Einrichtung, bespricht die Angelegenheiten, die alle betreffen.

Auch dieses zweite Beispiel macht deutlich, daß eine Entwicklung nicht von außen «organisiert» werden kann. Es waren individuelle Voraussetzungen vorhanden, aus denen sich die Gestaltung ergab. Ehlers sen. formuliert das so: «Es gibt keinen idealen Realismus, nur einen realen Idealismus.» So bemüht man sich heute, 1988, um eine neue Form des Verhältnisses von Eigentümer und Wirtschaftenden, um eine Öffnung für weitere Verantwortliche zu ermöglichen. In der LFG Hasenmoor wird bewußt keine direkte Verpflichtung der Kunden angestrebt wie in Fuhlenhagen. Dafür besteht kein Anlaß.

## *Warum der Name Landbauforschungsgesellschaft?*

Als letzter der Schwerpunkte der Landbauforschungsgesellschaften soll die eigentliche Forschung an Hand der Aktivitäten auf den Bauckhöfen in Amelinghausen dargestellt werden, zudem der Bereich der Ausbildung.

Dr. N. Remer hatte 1936 den ersten Kontakt zu der Familie Bauck in Klein-Süstedt. Zu seinen Aufgaben zählte damals die beratende Tätigkeit in Fragen des Bodenaufbaus, der Pflege der Landschaft etc. Schon 1931, zur Zeit der schlimmsten Wirtschaftskrise, hatte Eduard Bauck den elterlichen Betrieb auf die biologisch-dynamische Wirtschaftsweise umgestellt. Das war der Beginn einer Entwicklung, die zu heute insgesamt drei Betrieben innerhalb der gemeinnützigen Landbauforschungsgesellschaft Sottorf geführt hat. Diese wurde 1969 begründet.[6]

«Wenn die Erde weiterhin fruchtbar bleiben soll, kann die Verantwortung dafür nicht allein den auf dem Lande unmittelbar beschäftigten Menschen überlassen bleiben.» Dieser Auftrag findet sich, von Remer formuliert, in der Bauck-Chronik (1981). Schon zwischen 1950 und 1960 hatte Remer auf verschiedenen Höfen innerhalb der Bäuerlichen

Gesellschaft Nordwestdeutschland Versuche durchgeführt. Die Ergebnisse sind teilweise in seinem Buch «Lebensgesetze im Landbau» dokumentiert.[7]

Die Erkenntnis, daß die Landwirtschaft nicht voranzubringen ist ohne eine neue Form der Forschungsarbeit, ist wesentlicher Bestandteil der Aktivität innerhalb der vier LFGs. Doch ohne eine entsprechende Ausbildung ist keine neue Landwirtschaft bzw. Landbauforschung möglich. Eine wertvolle Anregung zur Durchführung der Ausbildung fand man in der «Pädagogischen Provinz» in Goethes «Wilhelm Meister». Dort werden Maximen beschrieben, die der Erziehung zugrunde liegen sollen. Hand, Ohr und Auge sollen geübt werden und Ehrfurcht dem gegenüber, was über und unter uns ist. Neben den sinnlichen Zeichen, welche in der Geschichte durch wahre Begebenheiten und Taten offenbar sind und der Gestaltung des Inneren jedes Menschen soll die «oberste Bedeutung» in allen Erscheinungen erkennbar werden. Remer bezeichnet die «Pädagogische Provinz» als eine Idee, die entscheidend für das künftige Mitteleuropa sei.

## *Schwerpunkte der Forschung*

Über die Bodenfrage (d. h. Boden und Pflanze als eine Einheit), Düngungsfragen und Kompostierungsversuche, Fütterung und Fleischqualität, Humusqualität, speziell auch über den Kohlenstoffkreislauf und über die Versuche mit Hornkiesel (biologisch-dynamisches Spritzpräparat) liegen seit 1970 umfangreiche Jahresberichte vor.[8] Die Forschungsarbeiten innerhalb der vier LFGs, aber auch im Rahmen des VFFF bzw. der Bäuerlichen Gesellschaft Nordwestdeutschlands werden arbeitsteilig durch Dr. N. Remer (Versuchsbetreuung seit 1950), Dr. Ulrike Bielitz (seit 1973 zuständig für Fragen im Tierbereich) und Sabine Weber (seit 1972 für Saatgut zuständig) durchgeführt. Als unabhängige und freie Wissenschaftler werden sie durch die genannten Einrichtungen und durch Spenden finanziell getragen. Ein weiterer Schwerpunkt liegt in der Landschaftspflege, z. B. im Anlegen von Waldflächen. Diese Bemühungen auf den Bauckhöfen wurden 1988 mit dem Umweltpreis der Gemeinde Amelinghausen öffentlich gewürdigt. Aus dem jahrelangen regelmäßigen Treffen mit jungen zukünftigen Betriebsleitern ist eine

*Auf dem Hof Callsen-Bracker* *Foto Janke/Argus*

eigenständige Ausbildung geworden. Die vierjährige Ausbildung wird verantwortlich von Jan Uwe Klee/Stuckenborstel betreut, innerhalb des VFFF zuständig für Ausbildungsfragen.

## *Der Callsen-Hof bei Bollingstedt/Schleswig-Holstein*

Auch der letzte Betrieb in Form einer LFG wurde durch den beschriebenen Sozialimpuls, der den anderen Landwirtschaftsgemeinschaften zugrunde liegt, beeinflußt und geprägt. Der jetzige Betriebsleiter Rainer Callsen-Bracker war früher selbst Teilnehmer eines solchen Ausbildungskreises, bevor die Begründung der selbständigen Initiative begann.

1952 hatten Ernst-Wilhelm Callsen-Bracker und seine Frau Erna Callsen den Betrieb übernommen; jetzt ist Sohn Rainer mit Familie verantwortlich. 1981 übertrug das Ehepaar Callsen-Bracker den Hof mit allen Bestandteilen, sämtlichem Zubehör und dem Inventar auf die gemeinnützige Landbauforschungsgesellschaft Bollingstedt mbH schenkungsweise. Für die Ehepaare Callsen-Bracker senior und junior wurde ein lebenslanges Nießbrauch- und Wohnrecht bestellt. 1980/81 entstand auch eine Landwirtschaftsgemeinschaft auf dem Hof, an der ca. 60 Menschen beteiligt sind. Gegenwärtig leben vier Betreute mit auf dem Hof. Rainer Callsen-Bracker bedauert in einem Gespräch, daß die Landwirtschaftsgemeinschaft nicht sehr initiativ ist. Er vermißt ein Engagement über den Bezug der Waren hinaus. Die meisten Kunden wollen nur billige und biologische Lebensmittel, anstatt sich wirklich aktiv und verantwortlich um die Lösung der brennenden Probleme auf dem Hof zu bemühen. Manchmal hat er das Gefühl, daß nur die neu entstehenden Höfe und Gemeinschaften aktiv unterstützt werden. Auf die Landbauforschungsgesellschaft selbst läßt er nichts kommen. Sie bürgt für Stabilität und Kontinuität und garantiert die dauerhafte Nutzung von Grund und Boden.

## *Zusammenfassung*

Beim Nachvollziehen der Geschichte der vier norddeutschen LFGs wird deutlich, daß individuell jeweils um eine gemeinsame Idee oder ein Ziel gerungen wird. Die Landwirtschaft bietet den Rahmen für Forschungsprojekte, Sozial- und Heilpädagogik und Ausbildungsvorhaben. Die Form und Ausgestaltung der Landbauforschungsgesellschaft bleibt das Fundament für alle vier landwirtschaftlichen Betriebe. Zwischen Anspruch und Wirklichkeit liegen nicht Welten, sondern die einzelnen tätigen Persönlichkeiten.

Die besondere Form der Landbauforschungsgesellschaften wurde seither nicht mehr neu aufgegriffen. Räumlich blieb sie auf Norddeutschland beschränkt. Vielleicht liegen Gründe dafür auch darin, daß der Kreis der jeweiligen Gesellschafter als recht geschlossen zu betrachten ist, daß das notwendige Gesellschafterkapital bzw. die Hürden beim Ein- und Austritt in oder aus einer LFG erschwerend wirken.

Interessant ist auch, daß es außer Hof Ehlers, Hasenmoor, keine reine LFG mehr gibt. Es wurde meistens eine Landwirtschaftsgemeinschaft (LWG oder LAG) für die Aufnahme weiterer engagierter Mitunternehmer gegründet.

Landwirtschaft, und zwar die eines individuellen Betriebes, als Grundlage für Erkenntnisarbeit und Forschung verlangt in der biologisch-dynamischen Bewegung auch heute noch mehr Aufmerksamkeit. Insgesamt ein spannender und wertvoller Versuch, neue Wege in der Frage des Eigentums an Grund und Boden zu gehen und den tätigen Landwirten ein soziales Umfeld zu entwickeln zu helfen. Ein Versuch auch, Stadt und Land näher zu bringen.

## *Literatur*

1 Wistinghausen, Almar von, 1982: *Erinnerungen an den Anfang der Biologisch-Dynamischen Wirtschaftsweise.* Darmstadt.

2 Steiner, Rudolf, 1905: *Geisteswissenschaft und soziale Frage.* Dornach 1981.

3 Gemeinnütziger Verein zur Forschung, Fortbildung und sozialer Fürsorge auf dem Lande (Hrsg.), 1972: *Lebenszentren im Landwirtschaftsorganismus.* Amelinghausen.

4 Groh, Trauger, 1987: Temple/Wilton Community Farm. *Bankspiegel* 1/1987.

5 Ehlers, Hartwig, 1980: Sozialarbeit mit Behinderten und Gefährdeten auf anthroposophischer Grundlage am Beispiel der Gemeinnützigen Landbauforschungsgesellschaft Hasenmoor mbH. Lüneburg, Hausarbeit für Lehramtsprüfung.

6 Betriebsgemeinschaft Bauck-Höfe (Hrsg.), 1981: *Wandel von Landwirtschaft und Sozialstruktur auf dem Bauck-Hof.* Uelzen–Klein-Süstedt.

7 Remer, Nicolaus, 1968: *Lebensgesetze im Landbau.* Dornach.

8 Bauck-Hof (o. J.): *Jahresberichte aus der biologisch-dynamischen Forschung.* Amelinghausen.

Max Viktor Limbacher

# Die Höfegemeinschaft Windrather Tal

Die Ökologie-Diskussion ist ein Kind der siebziger Jahre. Hatte sie sich zunächst zur Anti-Kernkraft-Bewegung formiert, so sahen sich bald viele auf dem Hintergrund des gewandelten Verhältnisses zur Umwelt vor die Frage nach Konsequenzen für die eigene Lebensführung gestellt. Die Überzeugung, auch im Interesse «nicht entfremdeten» Lebens für Anbau und Ernährung Sorge tragen zu müssen, war nicht selten. Auf diese Weise wurde der Landbau nicht nur für den mit den Bedingungen der EG-Agrarpolitik ringenden Landwirt zu einer existentiellen Angelegenheit.

Neben vielen Strohfeuern bildeten sich Initiativen, die nach und nach dauerhafte und ernstzunehmende Strukturen schufen. Auf diese Weise kam es auch im Verlauf der letzten zehn Jahre im Windrather Tal, einem Landstrich zwischen Ruhrgebiet und Wuppertaler Industrieregion, zur Etablierung von biologisch-dynamisch bewirtschafteten Höfen mit unterschiedlicher Entstehungsgeschichte, verschiedener Rechtsverfassung und einem jeweils eigenen sozialen Umfeld. Diese Höfe, die hier beschrieben werden sollen, haben sich zur Höfegemeinschaft Windrather Tal zusammengeschlossen.

### *Der Örkhof*

Mitte der siebziger Jahre bildete sich aus dem Umfeld der Rudolf-Steiner-Schule Wuppertal ein Kreis von Menschen – bis auf einen Landwirt Laien auf dem Gebiet der Landwirtschaft –, die sich zunächst mit allgemeinen anthroposophischen Themen beschäftigten, die sie zu Ernährungsfragen führten, zu Fragen des Landbaus und der sozialen Bedeu-

*Hof Zur Hellen*

tung des Agrarbereichs. Das zentrale Interesse galt dabei der biologisch-dynamischen Anbaumethode. Aus den Gesprächen erwuchs bald die Neigung, die gewonnenen Erkenntnisse praktisch umsetzen zu wollen: Ein Bauernhof wurde gesucht. Sein Betrieb sollte durch ein Umfeld aufgeschlossener Menschen ermöglicht werden.

Im Gebiet des Windrather Tals wurde die Initiative mit dem Örkhof schließlich fündig – einem Anwesen, an dem über Jahrzehnte hinweg keine erhaltenden Maßnahmen mehr vorgenommen worden waren und das deshalb in schlechtem baulichem Zustand war. Vor 15 Jahren war die Bewirtschaftung der Gebäude eingestellt, das zum Anwesen gehörende Land verpachtet worden.

Die Übernahme fand 1977 statt. Von zwei Familien, Angehörigen der anfänglichen Gesprächs- und Arbeitsgruppe, darunter die des Landwirts, war vorher bereits die Bereitschaft erklärt worden, die Bewirtschaftung des Betriebs übernehmen zu wollen. Zusammen mit dem Interessentenkreis gründeten sie einen Verein, die gemeinnützige Hofgemeinschaft Wuppertal e. V., der neuer Eigentümer von Grund und Boden wurde. Anderen Modellen ähnlich, ist mit dieser Vereinsgründung die Absicht verbunden, einerseits das Anwesen an die biologisch-dyna-

*Lappenhof*

mische Bewirtschaftung zu binden, andererseits eine Veräußerung aus finanziellen Gründen oder spekulativen Absichten zu verhindern. Mit Hilfe des beteiligten Menschenkreises war es möglich, die Bausubstanz instandzusetzen, den Boden zu entschulden und den Kaufbetrag aufzubringen. Der Verein erbringt ferner die Leibrente für die Vorbesitzerin.

Die Hofgemeinschaft Wuppertal verpachtet den Hof an die Betriebsgemeinschaft, die im Rahmen der Zielsetzung des Vereins frei wirtschaftet.

Einige Jahre waren nötig, um die wirtschaftliche Grundlage zu festigen und die Bewirtschaftung den vorgegebenen Umständen anzupassen. Der Örkhof hat heute mit 20 ha Fläche (6 ha Zupacht), 10 Milchkühen, Nachzucht, einigen Schweinen und ca. 120 Hühnern, vor allem aber mit dem Obstanbau und seinen Gewächshäusern mit einer Betriebsfläche von 1 ha den Produktionsschwerpunkt im Gartenbau. Vor Gründung der Höfegemeinschaft wurden die Produkte ab Hof oder über Grüne Läden in umliegenden Städten vermarktet.

Drei Menschen bilden die Betriebsgemeinschaft. Neben vier bis sechs Mitarbeitern sind auf dem Hof im Rahmen psychiatrischer Nachsorge derzeit drei Personen tätig.

### *Der Schepershof*

Der Schepershof wurde 1978 von der Gemeinnützigen Gesellschaft Schepershof e. V. gekauft, finanziert von der Treuhandstelle Bochum, einem Verbund gemeinnütziger Einrichtungen auf anthroposophischer Grundlage, der z. B. neben der Weiterleitung von Spendengeldern auch Hilfestellung leistet bei der Entwicklung neuer Eigentumsformen; die GLS-Gemeinschaftsbank arbeitet mit anderer Zielsetzung auf einem ähnlichen Hintergrund. Aus dem Umfeld der Bank entstammte ein Teil der Mitglieder der zusätzlich begründeten Landwirtschaftsgemeinschaft, die die Aufgabe hat, die Betriebsmittel bereitzustellen und die wirtschaftliche Grundlage zu sichern.

Die Beweggründe bei der Schaffung der Sozialverfassung ähneln den Motiven bei der Übernahme des Örkhofs. Eigentümerin von Grund und Boden, dem lebenden und toten Inventar ist die Gemeinnützige Gesellschaft Schepershof. Sie tätigt Investitionen und erhält von der Betriebsgemeinschaft jährlich ca. 30000 DM Nutzungsentschädigung aus dem laufenden Betrieb. Der Betriebsgemeinschaft wird unter der Voraussetzung biologisch-dynamischer Bewirtschaftung und der Entwicklung inner- und außerbetrieblicher Kooperationsformen der Hof zur Verfügung gestellt.

Die Landwirtschaftsgemeinschaft, der nach Schwankungen in der Mitgliederzahl heute etwa 60 Menschen angehören, ermöglicht auf dem Weg finanzieller Beteiligungen den Betrieb. Sie beauftragt formell die Betriebsgemeinschaft und trägt Sorge für die Absicherung ihres Lebensunterhaltes, sofern dies nicht aus dem Betriebsgewinn geleistet werden kann. Die Landwirtschaftsgemeinschaft ist am Betriebsergebnis beteiligt. Über die Verwendung von Gewinnen nach Abzug des Vorabgewinnanteils der Betriebsgemeinschaft zum Lebensunterhalt wird gemeinsam beschlossen; die Haftung für Verluste ist auf jeweils 1000 DM begrenzt, den Betrag, den jedes Mitglied der Landwirtschaftsgemeinschaft der Betriebsgemeinschaft als Kreditrahmen für betriebliche Aufwendungen zur Verfügung stellt. Es ist das besondere Anliegen dieses Kreises, die Entwicklung neuer sozialer Beziehungen zwischen Land und Stadt zu ermöglichen. Dies soll erreicht werden durch die Zusammenführung von Verbrauchern, Erzeugern und Händlern im Kontext einer Landwirtschaft, die sich nicht an Industriestandards orientiert; diese werden als dem Landbau wesensfremd abgelehnt.

Die Betriebsgemeinschaft organisiert ihre Zusammenarbeit nach Kriterien, die keine Entlohnung vorsehen. An deren Stelle kann jedes Mitglied Privatentnahmen nach Absprache im Rahmen eines vereinbarten Jahresbudgets tätigen.

Der Hof verfügt über eine Betriebsfläche von 36 ha Land (etwa zur Hälfte Grünland) und zusätzlich 10 ha zugepachtetes Grünland. Neben 20 Kühen mit Nachzucht werden Schweine und Hühner gehalten. Ein Betriebsschwerpunkt liegt in der Milcherzeugung und der Verkäsung der hofeigenen Milch. Neben der Einrichtung mehrerer Arbeitsplätze im Rahmen psychiatrischer Nachsorge (s. a. Örkhof) werden regelmäßig Schulpraktika betreut.

## *Hof Zur Hellen*

Bis um die Jahrhundertwende besaßen nicht wenige Fabrikherren in der Region Bauernhöfe zur Absicherung ihrer industriellen Unternehmen. Später wurden sie mehr aus familiärer Tradition oder auch mit landwirtschaftlichen Anliegen in Besitz behalten. Ein solcher landwirtschaftlicher Betrieb ist der Hof Zur Hellen.

Die Eigentümer, eine Erbengemeinschaft, wollten den Hof biologisch-dynamisch bewirtschaften lassen. Auf dieser Grundlage begannen 1981 zwei Familien zu arbeiten. Diese tragen auch heute noch als Betriebsgemeinschaft die Haftung. Sie und alle Mitarbeiter nehmen an einem gemeinschaftlichen Einkommensmodell teil. Das sieht zunächst die Auszahlung eines monatlichen «Taschengelds» in Höhe von 200 DM vor. Darüber hinaus gehende Bedürfnisse müssen auf der Basis eines Jahresbudgets unter Berücksichtigung zweier Prinzipien angemeldet werden: Schulden sollen nicht gemacht werden, und Diskussionen von Bedarfsmeldungen finden nicht statt; es gibt lediglich Zustimmung oder Ablehnung, z. B. im Falle ausgeschöpfter Mittel.

Mit den Mitgliedern der Erbengemeinschaft fanden ab 1985 regelmäßige Zusammenkünfte statt, z. B. zu Fragen des Bodenrechts. Die Gespräche führten zu der Gründung des Vereins Hof Zur Hellen, Forum für Landwirtschaft, Sozialarbeit, Ökonomie und Kunst e. V. Dieser Verein, dem jeder Interessent beitreten kann, setzt sich zusammen aus den Bodeneigentümern, Kunden, Freunden und der Betriebsgemeinschaft. Auf der Grundlage dieser Rechtsform und mit Hilfe der Treuhandstelle Bochum konnte ein Drittel des Anwesens von der Erbengemeinschaft erworben werden. Dieser Teil wurde zusammen mit den verbliebenen Anteilen der Eigentümer in eine Gesellschaft bürgerlichen Rechts eingebracht. Aufgrund des Umstands, daß allein der Verein investiv tätig sein kann, besteht nunmehr die Möglichkeit, daß sich sein Anteil innerhalb dieser Gesellschaft im Laufe der Zeit erhöht, der der Erbengemeinschaft abnimmt.

Von der Betriebsgemeinschaft wird zwar keine Pacht erhoben, doch besteht die Verpflichtung, jedes Jahr in nicht unerheblicher Höhe investive Maßnahmen vorzunehmen. Die Gründung einer Landwirtschaftsgemeinschaft ist auf dem Hof Zur Hellen nicht vorgesehen. Dem Bauern soll über die Hofführung im engeren Sinne und die gewerblichen Fragen weiterhin Gelegenheit gegeben werden, sich in bewußter Abhängigkeit vom wirtschaftlichen Erfolg an Einnahmen und Ausgaben zu messen.

Auf dem Hof sind zwei Familien beschäftigt, ein Geselle, drei Lehrlinge und drei bis vier Praktikanten. Zum Betrieb gehören neben 31 ha landwirtschaftlicher Nutzfläche (Hälfte Grünland) noch 10 ha Wald. Der Tierbesatz beträgt derzeit etwa 21 Kühe, rund 100 Hühner, mehrere Schweine und Schafe. Betriebsschwerpunkte liegen im Anbau von Feldgemüse sowie in der Rohmilchvermarktung und -veredelung zu Joghurt und Quark. Mit Kindergärten, Berufsschulen, Krankenhäusern, Verbrauchergruppen und Universitäten werden Besichtigungen, Gespräche und Arbeitseinsätze durchgeführt. Ferner besteht eine «Patenschaft» der Widar-Schule Bochum-Wattenscheid, einer Waldorfschule.

Eine Beteiligung am Verein Hof Zur Hellen steht jedem Interessenten offen. Kuh-Verkäufe an Verbraucher (s. Anhang) finden statt, und gegen Zahlung eines frei vereinbarten Betrags wird Kunden ein freies Entnahme-Recht bei den Hofprodukten gewährt.

### *Lappenhof*

Der Lappenhof befindet sich in Privatbesitz. Eine Hälfte des Wohnhauses dient der Wochenendnutzung durch die Eigentümer. Der Betrieb wird unter Auflage regelmäßiger Pachtzahlung geführt. Die Umstellung auf biologisch-dynamischen Landbau fand wie beim Hof Zur Hellen ebenfalls im Jahre 1981 statt. Ein Ehepaar und eine weitere Person bewirtschaften den Hof. In gegenseitigem Einverständnis versuchen sie ihren Lebensunterhalt nach dem Bedürfnisprinzip zu decken, ähnlich den Ansätzen der benachbarten Höfe. Auf dem Hof arbeiten noch ein Lehrling und zeitweise ein Praktikant.

Der Hof befindet sich teilweise in stark renovierungsbedürftigem Zustand. Um eine sinnvolle Bewirtschaftung auf Dauer gewährleisten zu können, müßten neben den reinen Erhaltungsarbeiten und zusätzlich notwendigen Erweiterungen im Wohnbereich noch Ausbaumaßnahmen im landwirtschaftlichen und Gartenbaubereich vorgenommen werden. Nur auf dem Hintergrund der an den Standards des Agrarsektors gemessen kleinen Betriebsgröße betrachtet – die Nutzfläche beträgt 14 ha (ca. die Hälfte Grünland) –, würde der notwendige Aufwand in keinem guten Verhältnis zum wirtschaftlichen Ertrag stehen. Deshalb hält die Betriebsgemeinschaft die Maßnahmen zum Ausbau und Erhalt des landwirtschaftlichen Betriebs Lappenhof nur auf der Grundlage von Überlegungen sinnvoll, die die Veränderung der Besitzverhältnisse, die weitere Aktivierung des Umfeldes von Freunden und Kunden sowie die Eingliederung des Betriebs in den Verbund ähnlich wirtschaftender Höfe im Windrather Tal ins Auge fassen.

Diese Vorgaben sind nicht unrealistisch. Die Zusammenarbeit des Lappenhofs mit den in der Höfegemeinschaft Windrather Tal zusammengeschlossenen Betrieben wird als Sicherung und Festigung der eigenen Arbeit erlebt. Die Ablösung der bisherigen Rechtsform stellt sich derzeit als die größte Schwierigkeit dar, da längerfristig gedachte Investitionen nur über eine Klärung der Besitztitel sinnvoll ist. Die Verhandlungen sind noch nicht abgeschlossen. Vom Kauf bis zum langfristigen Pachtvertrag erscheinen den derzeitigen Pächtern verschiedene Möglichkeiten als denkbar.

Neben einem Besatz von 12 Kühen und einigen Schweinen liegt wegen der Güte der relativ geringen Nutzfläche ein Produktionsschwerpunkt im Bereich des Gartenbaus; der Anbau von Feldgemüse, Obst, die Verarbeitung der Milch zu Joghurt und Quark sowie von Fleisch und Getreide (vier Brotsorten) kommen hinzu.

Die Wohn- und Werkgemeinschaft Langenberg für psychisch Kranke nutzte verschiedentlich das Angebot zu Rehabilitationsplätzen auf dem Hof. Schulpraktika und solche für Lehrerseminare finden wie auf allen sechs Höfen im Verbund mit der Höfegemeinschaft Windrather Tal statt.

### *Der Marienhof*

Im Jahre 1982 kaufte das Troxler-Haus, eine heilpädagogische Einrichtung in Wuppertal, den Marienhof. Nach Umstellung auf biologisch-dynamischen Landbau wurde er von verschiedenen Verwalterfamilien bewirtschaftet. Heute ist auf dem Hof eine Bauernfamilie auf der Basis eines Festgehalts tätig, ferner ein Gärtner, Zivildienstleistende und Praktikanten sowie in den Bereichen Garten und Wald mehrere Gruppen von Behinderten. Eine Behindertenwohngruppe lebt ständig auf dem Hof mit ingesamt 25 Personen. Die Bewirtschaftungsrisiken des Hofes sind durch den Eigentümer abgedeckt.

Allein 27 ha der insgesamt 47 ha zum Hof gehörenden Fläche sind Mischwald, 2 ha Obstanlagen, ½ ha wird gärtnerisch, der Rest wird landwirtschaftlich genutzt. Neben Rüben- und Kartoffelanbau ist die Veredelung der von den 10 Kühen stammenden Milch betrieblicher Schwerpunkt. Daneben werden noch Schweine gehalten. Die Produkte dienen zu einem großen Teil dem Eigenverbrauch der heilpädagogischen Einrichtung, in begrenztem Maße findet Ab-Hof-Verkauf statt, gelegentlich auch ein Vertrieb über die Höfegemeinschaft.

### *Hof Vorberg*

Nach Gründung der Höfegemeinschaft Windrather Tal kam im Jahre 1987 ein weiterer biologisch-dynamischer Betrieb hinzu, der Hof Vorberg. Ursprünglich ein Familienbetrieb mit konventioneller Bewirtschaftung, wurde er in desolatem Zustand auf Betreiben der jetzigen Betriebsgemeinschaft, einer Landwirtin, einem Landwirt und einer Gärtnerin, von einem Industriellen gekauft.

Die Übernahme des Hofs aus dem jetzigen Pachtverhältnis ist möglich und wird angestrebt. In diesem Fall soll der Hof dem zu diesem Zweck gegründeten gemeinnützigen Verein Hof Vorberg übertragen werden.

Derzeit befindet sich der Hof noch in der wirtschaftlichen Aufbauphase. So schwankte auch die Zahl der zusätzlichen Mitarbeiter nach dem ersten Betriebsjahr zwischen zwei und fünf. Bewirtschaftet werden insgesamt 19 ha landwirtschaftliche Nutzfläche, davon sind 8 ha Ackerland, das zum Gemüse-, Getreide- und Futteranbau genutzt wird. Weitere 13 ha kann der Verein Hof Vorberg hinzukaufen. In Hofbesitz befinden sich noch 10 ha Buchenmischwald. Der Tierbesatz beträgt derzeit 10 Kühe mit Nachzucht. Als Produktionsschwerpunkte werden Milchverarbeitung und Gemüseanbau angestrebt. Zu diesem Zweck ist beabsichtigt, die Wirtschaftsgebäude zur Unterbringung von Tieren und Maschinen auszubauen.

## *Die Höfegemeinschaft*

Alle hier beschriebenen Höfe liegen relativ nahe beieinander. Das Bewußtwerden dieser Nähe führte zu Überlegungen, in bestimmten, alle Betriebe betreffenden Fragen zusammenzuarbeiten. Zunächst wurde 1984 ein halbes Jahr hindurch der Versuch unternommen, über den Betrieb eines gemeinsamen Verkaufsstandes die jeweiligen Produkte zu vermarkten. Vom Wirtschaftlichen her gesehen wurde dies kein Erfolg, sozial jedoch schon: Man war über eine gemeinsame ergriffene Aufgabe zusammengekommen und sah eine Perspektive im weiteren Ausbau der Zusammenarbeit. Gemeinsame Aufgaben konnten formuliert werden: Versorgung der Menschen mit hochwertiger Nahrungsqualität, Bemühung um vertieftes Bewußtsein landwirtschaftlicher Arbeit, Heilung der Natur durch Entwicklung des biologisch-dynamischen Landbaus, Entwicklung neuer Formen des Wirtschaftens, Schaffung von Arbeitsplätzen, Zusammenarbeit von Stadt und Land. Die nächsten Schritte waren die Bildung eines Maschinenrings, eines Handelskreises und eines Kreises für Finanzfragen.

Zur Gründung des Maschinenrings kam es 1985. Absicht war, neben der gemeinamen Nutzung bereits vorhandener Maschinen einen Lieferwagen mit Kühleinrichtung und einen Anhänger-Bagger anzuschaffen. Die Mittel zum Erwerb entstammten sogenannten Kapitalkonten der Gemeinnützigen Kreditgarantiegenossenschaft (GKG) Bochum, einer Genossenschaftsbank, deren Ziel es ist, Investitionsvorhaben wirtschaftlicher Unternehmungen zu unterstützen, die durch die Zusammenarbeit der Wirtschaftspartner (Produzent, Händler und Verbraucher) entstehen. Die Inhaber derartiger Kapitalkonten verzichten auf eine persönliche Nutzung der Gelder und stellen sie in voller Höhe für Investitionen zur Verfügung, in diesem Falle dem Maschinenring Windrather Tal. Die Höfe wiederum zahlen Beiträge auf Kapitalkonten in Höhe der Abschreibungen, um weiteren Interessenten zu Investitionsmitteln zu verhelfen. Im Falle einer Veräußerung der auf diesem Weg angeschafften Maschinen fließt der Verkaufserlös zurück auf ein Kapitalkonto der GKG. Die Höfegemeinschaft erhebt bei Maschinennutzung eine Entschädigungspauschale nach Betriebsstunden zur Instandhaltung oder für andere gemeinsame Vorhaben.

### *Hof Fahrenscheidt*

Ein weiteres Projekt der Höfegemeinschaft lag im Erwerb des Hofes Fahrenscheidt. Auf der Suche nach der Erweiterung der zu geringen Nutzfläche des Örkhofes wurde die Betriebsgemeinschaft auf einen nicht mehr bewirtschafteten Nachbarhof aufmerksam. Mit Hilfe der Gemeinnützigen Treuhandstelle Bochum wurde sein Erwerb möglich. Nachdem sich erste Formen der Zusammenarbeit der biologisch-dynamischen Höfe im Windrather Tal ergeben hatten, sollte die Übernahme des Hofes Fahrenscheidt Ausdruck der Absicht sein, trotz unterschiedlicher Rechtsverfassungen in zunehmendem Maße gemeinschaftlich zu wirtschaften. Die 16 ha des Hofs Fahrenscheidt sollen nach Bedarf und Absprache den einzelnen Höfen zur Verfügung gestellt und das Hofgebäude selbst Sitz der Höfegemeinschaft werden.

Es wurde eine besondere Form des Ankaufs gewählt: Eigentümer wurden zunächst die Trägervereine des Örkhofs und des Schepershofs, die zu diesem Zweck eine Gesellschaft bürgerlichen Rechts (GbR) ins Leben riefen. Die neu gegründete Gemeinnützige Höfegemeinschaft Windrather Tal e. V. beteiligte sich an der GbR, um das Hofgebäude durch Ausbau und Renovierung für die höfeübergreifenden Aufgaben nutzen zu können. Zur Finanzierung dieses Vorhabens konnten Schenkungsgelder, öffentliche, vor allem aber Mittel einer Leih- und Tilgungsgemeinschaft verwendet werden, deren Mitglieder zugunsten der Initiative Fahrenscheidt bei der GLS-Gemeinschaftsbank jeweils einen Kredit in Höhe von DM 3000,– bis 6000,– aufnahmen.

Auf Hof Fahrenscheidt findet keine Produktion statt, sondern er ist als Ort vielfältiger und höfeübergreifender Zusammenarbeit gedacht. Mit Beginn des Jahres 1989 wird das zum Hof gehörende Land den Betrieben der Höfegemeinschaft überlassen, die aufgrund ihrer betrieblichen Bedingungen (Hoforganismus) den dringensten Bedarf an zusätzlichen Anbauflächen haben. Die Bewohner von Fahrenscheidt bilden deshalb auch keine Betriebsgemeinschaft – sie haben Aufgaben im Höfezusammenhang übernommen: Bauleitung, Betreuung von Praktika, Organisation volkspädagogischer und kutureller Veranstaltungen, Festgestaltungen, Versorgung von Veranstaltungen sowie gemeinnützige Aufgabenfelder der Höfegemeinschaft.

Der Lebensunterhalt dieser Familie wird vom «Tal» durch die Möglichkeit freier Entnahme garantiert, jedoch ohne Verrechnung mit geleisteten Aktivitäten. Dieser Versuch, auf der Grundlage gegenseitigen Vertrauens Arbeit und Einkommen zu trennen, setzt allerdings, gemessen an bestehenden gesellschaftlichen Verhältnissen, ein ungewöhnliches Maß an Eigenverantwortung und Umsicht («zugreifendem Bewußtsein») voraus. Daraus entsteht ein neues Erfahrungsfeld, von dessen Ergebnissen sich alle Beteiligten im Hinblick auf eine Neugestaltung sozialer Beziehungen Positives erhoffen.

Aus den Erfahrungen mit dem Marktstand entwickelte sich der «Talhandel», die gemeinsame Vermarktung an Einzelhändler, Verbrauchergemeinschaften und Großküchen in den umliegenden Städten. Die Marktorganisation wird vom Hof Fahrenscheidt aus durchgeführt. Heute werden an fünf Tagen in der Woche ca. 30 Kunden versorgt. Die Ursprungsbezeichnung der Waren wird beibehalten. Die Verkaufserlöse kommen unter Berücksichtigung der Liefermenge ohne Abzug an die Höfe zur Verteilung. Die Entwicklung zu einer gemeinsamen Vermarktung macht eine Anbauabsprache notwendig, die sich an den jeweiligen Möglichkeiten und Neigungen orientiert sowie an der unterschiedlichen Bodenqualität, die bei den beteiligten Höfen zwischen 20 und 80 Bodenpunkten schwankt.

Als Herzstück der Höfegemeinschaft Windrather Tal wird die Donnerstags-Konferenz verstanden, die im wöchentlichen Turnus reihum auf den Höfen stattfindet. Hier werden Erfahrungen ausgetauscht, Entschlüsse gefaßt, Verwaltungsvorgänge und Organisatorisches besprochen, hofspezifische Fragen dargestellt, regelmäßig an fachlichen, aber auch geisteswissenschaftlichen Themen gearbeitet.

Max Viktor Limbacher

# Boschenhof – Kommanditgesellschaft für biologisch-dynamischen Landbau

Bei Friesenhofen im Allgäu, in der Nähe von Leutkirch und Isny, liegt der Boschenhof. 1983 wanderte sein Besitzer nach Kanada aus, der den Hof als Familienbetrieb seit Mitte der siebziger Jahre biologisch-dynamisch geführt hatte. Er hatte auch die Käserei eingerichtet. Nach seinem Weggang blieb ein Mitarbeiter auf dem Hof. Freunde kamen hinzu, um die Käserei zu betreuen. Sie sind heute noch da – als Komplementäre der Boschenhof KG.

Der Verkauf des Hofes zögerte sich hinaus. Mittlerweile hatte sich eine Gruppe von fünf jungen Leuten gebildet, die den Hof für einen Gesamtbrutto-Lohn von DM 6000,– bewirtschafteten. Ihnen drohte jedoch im Falle der Veräußerung eine sofortige Kündigung. Im Herbst 1983 kam der Landwirt Helmut Hoffmann hinzu. Er traf auf eine verzweifelte Gruppe, die vergeblich versucht hatte, einen Verkauf zu verhindern. Sie selbst waren nicht in der Lage, die erforderliche Kaufsumme aufzubringen. Ihnen blieb zunächst nur die Möglichkeit, solange es ging, das zu erhalten, was durch neun Jahre biologisch-dynamischer Aufbauarbeit entstanden war. Jeder Interessent, den der Makler über den Hof führte, konnte im Falle eines Kaufes die Ergebnisse dieser Tätigkeit zunichte machen.

Die Idee jedoch, die Helmut Hoffmann auf den Hof brachte, führte zu einer Neuorientierung der Gruppe auf dem Boschenhof. Sie besagte, daß die Bedeutung des Bodens für die Menschen es ausschließen würde, ihn als eine Ware zu handeln. Dies verlange letztlich, daß der Boden der Willkür eines Einzelbesitzers entzogen werden müßte zugunsten der Übernahme der Verantwortung durch eine Vielzahl von Menschen, die dann einen Bauern ihres Vertrauens mit der Bewirtschaftung beauftragen sollten. Auf der Grundlage dieser Leitidee wurden Interessenten für

*Käserei auf dem Boschenhof*
*Foto Christoph Morlok*

die Fortführung des biologisch-dynamischen Landbaus gesucht. Unter Beratung der Treuhandstelle München und der GLS-Bank Stuttgart bildete sich ein Freundeskreis, der seinerseits nach Wegen suchte, den Hof zu erwerben, um den Fortbestand der Bewirtschaftungsmethode zu sichern.

Aus steuerlichen Gründen verpachtete der Eigentümer den Hof 1985 an die Betriebsgemeinschaft. Der Plan des Freundeskreises, über die Gründung einer BGB-Gesellschaft den Boschenhof zu übernehmen, wurde dann aber zugunsten einer Kommanditgesellschaft aufgegeben, um die Haftung der Mitglieder des Freundeskreises auf ihren Gesellschaftsanteil zu beschränken. Nun wird üblicherweise die KG als Rechtsform für Handelsunternehmen gewählt. Als ein Novum auch für den landwirtschaftlichen Bereich war das durch eine höchstrichterliche Entscheidung möglich geworden. Mit 15 Beteiligten aus Wangen, Stuttgart und München wurde diese Lösung realisiert. Ihnen traten dann noch private Kreditgeber zur Seite.

Zwischenzeitlich, noch vor Ablauf des ersten Pachtjahres, wurde der Betriebsgemeinschaft durch den Eigentümer das Ultimatum gestellt, entweder den Boschenhof sofort zu übernehmen oder einen Weiterverkauf an andere Interessenten mit allen Konsequenzen in Kauf zu nehmen. Wieder folgten Gespräche mit der GLS-Bank, auch vor Ort, mit Naturschützern und möglichen Geldgebern. Die GLS-Gemeinschaftsbank erklärte sich schließlich bereit, die Übernahmefinanzierung im Zusammenhang mit privaten Krediten durch ein Überbrückungsdarlehen zu stützen. Dieses Darlehen ist inzwischen abgelöst worden; die teilweise zinslos gewährten Privatkredite aufgrund ihrer Laufzeit zwischen vier Jahren und unbegrenzt hingegen zum Teil noch nicht. 2 Millionen DM kostete der Hof mit totem und lebendem Inventar. Zum 1. Januar 1986 erfolgte der Kauf.

Die KG wurde auf der Grundlage der beiden folgenden Überlegungen Eigentümerin des Bodens: Zum einen sollte Grund und Boden vor eventueller Spekulation durch Überführung in möglichst viele Hände geschützt werden. Zum anderen sollte an der Individualisierung der Verantwortung des Menschen für den Boden, die ihn ernährende Grundfläche, gearbeitet werden. Deshalb wurde die Aufnahme von Grundschulden vermieden. An deren Stelle stehen Bürgschaften, die eine Schuldenabsicherung im Konkursfalle gewährleisten sollen.

Die wirtschaftliche Basis des Hofs besteht in der Weiterverarbeitung von Milch und Fleisch, das über Privatabnehmer in der ganzen BRD sowie über Groß- und Einzelhandel vermarktet werden kann. Verbrauchergemeinschaften spielen dabei eine große Rolle. So gibt es beispielsweise in Lindau eine mit 50 Familien, in Tettnang und Stuttgart solche mit gleichfalls je 50 Familien. Die Belieferung der nicht im näheren Umkreis gelegenen Interessenten erfolgt per Post.

Große Nachfrage besteht nach Boschenhof-Käse. Ansätze zur Direktvermarktung der hofeigenen Produkte fand die jetzige Betriebsgemeinschaft lediglich in geringem Maße vor. Der Markt mußte neu organisiert und ausgebaut werden.

1983 lebten sechs Erwachsene und ein Kind auf dem Hof mit einer Gesamtfläche von 30 ha, von denen 7 ha Wald und 20 ha Grünland waren. Der Tierbestand lag bei 28 Kühen und 8 Schweinen. Im Jahre 1988 hatte sich allein in der Käserei, Vermarktung inklusive, die notwendige Arbeitszeit verdreifacht. Im Zeitraum zwischen Mai und November kommen wöchentlich über 4000 Liter Milch zur Verkäsung. Nunmehr leben sieben Erwachsene mit neun Kindern und zwei Lehrlingen auf dem Hof. Durch Zupacht hat sich die bewirtschaftete Fläche auf 38 ha vergrößert. 36 Kühe gibt es jetzt und 32 Schweine. Auf einem halben Hektar werden Futtermöhren und Gemüse, Weizen und Hafer angepflanzt. Etwa ⅓ ha entfallen auf Heckenpflanzungen. Durch den Pflegevertrag für ein Moorgebiet (12 bis 14 ha Streuwiesen) ergeben sich für den Hof jährlich 10 000 DM zusätzlicher Einnahmen.

Anstelle fester Einkommenszahlungen tätigen die Betriebsgemeinschaftsmitglieder Entnahmen auf der Grundlage von Bedarfsmeldungen. Kfz-Kosten und Reisen werden vom Betrieb abgedeckt. Die Lehrlinge und Praktikanten bekommen ihre tarifliche Vergütung, sonstige Mitarbeiter ca. 1000 DM monatlich. Jedem Mitarbeiter ist durch Beitritt in die KG als Komplementär ein verbindlicher Bezug zum Betrieb möglich.

Die Verbindung mit einem sozialen Umfeld war neben dem Ausbau der Direktvermarktung von Beginn an erklärte Absicht der jetzigen Betreiber des Boschenhofs. So besteht eine feste Beziehung zur Freien Waldorfschule in Wangen und deren Umfeld: Schuleltern und Lehrer sind als Darlehensgeber oder Kommanditisten engagiert, Schüler kommen regelmäßig zu Landbaupraktika. Bereits relativ früh wurde auf Anraten der GLS-Gemeinschaftsbank eine Leihgemeinschaft gegründet, um es Menschen zu ermöglichen, den Betrieb trotz beschränkter Eigenmittel finanziell zu stützen und sich auf diesem Wege mit dem Hof und seiner Betriebsweise zu verbinden. Diese Beteiligungsform, die Anteile in Höhe von 3000,– DM vorsieht, rückzahlbar innerhalb von vier Jahren, wurde von 25 Personen aus der Region gewählt. Nach Abzahlung sind viele Leihgemeinschaftsmitglieder Kommanditisten der Boschenhof-KG geworden. Auch eine sukzessive Umwandlung der Privatkredite in KG-Einlagen gehört zu den Zielen der Betriebsgemeinschaft. Inzwischen ist das Umfeld des Hofes auf ungefähr 50 Personen angewachsen.

Einmal jährlich findet eine KG-Versammlung statt, Zusammenkünfte der Rohmilch-Bezieher, Hofbegehungen und kulturelle Veranstaltungen werden organisiert, Landbaupraktika von Schülern betreut. In diesen Aktivitäten erschöpfen sich jedoch die sozialen Möglichkeiten nicht hinlänglich. Die Leute vom Boschenhof erwarten mehr. Ihnen bereitet der Umstand Sorge, daß trotz wachsender Arbeitsbelastung durch Zupacht, steigendem Kuhbesatz, Ausbau der Käserei usw. alle Initiativen hinsichtlich Pflege und Ausbau der Sozialverfassung nicht vom Umfeld ausgehen, sondern stets vom Hof selbst kommen müssen.

Viele Projekte stehen zur Realisierung an: ein Wohnhaus zur Beseitigung des Wohnbehelfs, die Anstellung eines weiteren Landwirtschafts- und Hauswirtschaftslehrlings, Erweiterung der Güllegrube usf. Oberste Priorität genießt jedoch der Austausch mit dem sozialen Umfeld des Hofs: Über Ausbau und Intensivierung der Außenbeziehungen wird weiter nachgedacht.

Eckard von Wistinghausen

# Das Hofgut Rengoldshausen und das landwirtschaftliche Grundjahr

## *Vorgeschichte*

Das Hofgut Rengoldshausen liegt im Moränen-Hügelland der Bodenseelandschaft, die mit dem schönen Namen «Herrgottsgärtle» benannt wird. Einst war hier tiefster Urwald, als in Griechenland und Rom die Kultur blühte. Mönche, zuerst wohl iro-schottische um Columban, brachten das Christentum und mit diesem Kultur. Aus dem wilden Wald entstand eine Kulturlandschaft, die durch den Menschen in Wiesen, Akkerland, Waldsaum und Wald vielfältig und einzigartig schön und fruchtbar wurde. 1220 wird Rengoldshausen zum erstenmal genannt, ab 1269 war es im Besitz von Franziskanerschwestern, später des Spitals Überlingen, und wurde als Schupflehen vergeben. Das älteste Gebäude, jetzt renoviert, stammt aus dem 17. Jahrhundert. 1855 ging der Hof in Bauernbesitz über und wurde 1932 von der Familie Voith, Heidenheim, erworben. Seit dieser Zeit bis heute wird die Landwirtschaft und die später gegründete Gärtnerei, zunächst von Verwaltern und später von Pächtern, biologisch-dynamisch bewirtschaftet. Viele Menschen haben hier gelebt, Tiergenerationen sind durchgegangen, Pflanzen sind gewachsen wie Substanzen eines Organismus, die im Leben ausgetauscht und ersetzt werden.

Heute, nachdem sich 1985 das Pachtverhältnis der Landwirtschaft und 1987 das der Gärtnerei löste, hat sich eine neue Generation eingefunden.

## *Entwicklungen, ausgehend von Rengoldshausen*

Anfang der 70er Jahre wuchs auf dem Hofgelände die Freie Waldorfschule am Bodensee, die heute nahezu 1000 Schüler aufnimmt (vergl. Erziehungskunst, Monatsschrift für Pädagogik Rudolf Steiners, März 1988). «Wie kommt es, daß die Menschen ihr [Demeter-]Gemüse dort einkaufen wollen, wo ihre Kinder zur [Waldorf-]Schule gehen? Und warum ist es nicht umgekehrt?» So fragt INFO 3 (Extra 2/1988). In Rengoldshausen war es umgekehrt, hier entstand eine Waldorfschule auf einem biologisch-dynamisch bewirtschafteten Hof.

Eine alte Milchküche war die Keimzelle eines Einzelhandels für Lebensmittel, aus der die Naturata Überlingen und später die Verteilerorganisation Bodan GmbH hervorging. Zwei Gruppen des Überlinger Waldorfkindergartens und ein Jugendreitstall mit ca. 20 Pferden sind auf dem Hofgelände beheimatet.

Ein Besitz dient nicht mehr den Privatinteressen einer Familie, sondern wird zur Keimzelle von anthroposophischen Entwicklungen. So ist auch ein Zweigraum des vielfältig sich entwickelnden Columban-Zweiges der Anthroposophischen Gesellschaft auf dem Hof. Das jüngste Kind, die «Kaspar-Hauser-Schule» in der Freien Waldorfschule Bodensee, eine Förderstufe, ist 1988 geboren.

## *Der Ansatz*

Anfang der 70er Jahre fand sich eine Gruppe von jungen Menschen zusammen, die sich Gedanken machte über die Entwicklung der Bildung, insbesondere der Bildung auf der Grundlage der Landwirtschaft. Deutlich wurde uns, wie Schulbildung immer weniger zu Menschenbildung als vielmehr zum Aufnehmen von unverarbeitetem Wissen abgleitet, ohne eigenes Verständnis. An Hochschulen und Universitäten wird die Forschung immer stärker spezialisiert, und die Lehre wird zum Vermittler von theoretischem Wissen. Das Können im Handeln verkümmert bzw. wird so einseitig, daß das Umfeld nicht mehr berücksichtigt wird. In der Landwirtschaft führt das dazu, daß man die Technik beherrscht, mit exakter Bodenbearbeitung, genau bemessener Düngung und gezieltem Pflanzenschutzmitteleinsatz hohe Ernteerträge zu erzielen, aber andere

Beziehungen gehen verloren. Die Naturwissenschaften, z. B. Physik und Chemie, machen sich selbständig und beeinflussen die Naturzusammenhänge so, daß die Folgen Realität werden. Man wird zwar heute aufmerksam auf die Probleme, hat aber keinen Ansatz, wieder neu Zusammenhänge zu erfassen und fördernd einzugreifen. Agrarpolitische und wirtschaftliche Zwänge beeinträchtigen die Entwicklung der Landwirtschaft. Sie wird von zwei Seiten bestimmt, von der Arbeit, die keine Zeit gewährt, sich zu besinnen, da die wirtschaftlichen Bedingungen es so erfordern, und von der Forschung, deren Ergebnisse der Landwirt oft ohne eigenes Verständnis übernimmt.

Die biologisch-dynamische Wirtschaftsweise ist sicher nicht ein Patentrezept, sie weist jedoch einen Weg, der gangbar ist. Der Landwirtschaftliche Kurs von Rudolf Steiner (1924) ist die Grundlage für einen neuen Ansatz, Landwirtschaft zu betreiben.

Es erschien uns für eine Entwicklung der Landwirtschaft notwendig, in der Ausbildung eine Verbindung von Praxis im Betrieb mit Kursen über die Grundlagen der Landwirtschaft sowie Kunst und erkenntnistheoretischer Arbeit zu finden. Mehrere Anläufe, eine landwirtschaftliche Bildungsstätte aufzubauen, in Bayern, Österreich und anderenorts, scheiterten. Die erste Initiativgruppe bröckelte ab, die Mitglieder wandten sich anderen Aufgaben zu.

## *Freie Landbauschule Bodensee*

Auf diesem Wege begegneten wir Bernhard Philipps. Er bewirtschaftete die Landwirtschaft des Camphill-Dorfes Brachenreuthe/Überlingen als ganz junger Meister und zimmerte an Ideen zur Entwicklung einer Landbauschule. 1978 nahm die Freie Landbauschule Bodensee, aus einem Zusammenschluß der umliegenden biologisch-dynamisch bewirtschafteten Höfe, ihre Arbeit auf. Bauern und Lehrlinge von inzwischen 15 Betrieben sind heute, auch nach dem Tode von Bernhard Philipps (1982), Lehrer und Schüler der Landbauschule, die wechselnd auf den Höfen zu Kursen zusammenkommen. Andere Lehrer kamen hinzu. Die «Freie Landbauschule Bodensee» ist ein Bildungsweg zum biologisch-dynamischen Landwirt und als solche ein eingetragener gemeinnütziger Verein. (Geschäftsstelle: Hof Brachenreuthe, 7770 Überlingen)

## *Die Gesellschaftsgründung*

Im Februar 1984, bei der Eltern-Lehrer-Tagung der Waldorfschulen in Darmstadt, sprach mich Frau Dr. Cornelia Hahn bezüglich der Entwicklung des Hofgutes Rengoldshausen an, da der Pächter eine vorzeitige Pachtaufgabe angekündigt hatte. Es entstand eine Gesprächsrunde, bestehend aus den Bauern von Rimpertsweiler (siehe unten) und Rengoldshausen, Lehrern der Waldorfschule Bodensee, der Eigentümergemeinschaft Rengoldshausen und mir und meiner Frau, um an Fragen der Jugendbildung in der Landwirtschaft zu arbeiten. Darüber bestanden zunächst keine festen Vorstellungen, jedoch sollte eine Bildungseinrichtung entstehen in Verbindung mit der Landbauschule Bodensee. Dieser Kreis traf sich schließlich vierwöchentlich und gründete im Sommer 1985 die Gesellschaft zur Förderung der Jugend durch die Landwirtschaft e. V., Überlingen-Rengoldshausen (GJL).

Die Gründung der Gesellschaft hatte eine organisatorische Vorgeschichte:

Es bestand seit einigen Jahren die Kultur-Therapeutische Gemeinschaft (KTG), eine Stiftung der Familie Hahn, mit Sitz auf dem Hofgut Rengoldshausen, die 1970 das Hofgut Rimpertsweiler hinzuerwarb.

Die KTG hatte sich zum Ziel gemacht, sowohl Bildungseinrichtungen (Waldorfschule Bodensee und Kindergarten) als auch therapeutische Einrichtungen (Drogenheilstätte Sieben Zwerge auf dem Hofgut Rimpertsweiler) zu fördern.

Mit Ablauf der Pacht von Rengoldshausen wurde eine Neuregelung vorgenommen. Die Waldorfschule war wirtschaftlich selbständig geworden, ein Darlehen seitens der KTG wurde in eine Schenkung umgewandelt. Die Heilstätte Sieben Zwerge wurde ebenfalls selbständig, und der Name «Kultur-Therapeutische Gemeinschaft» ist auf die Heilstätte übergegangen. Das Hofgut Rimpertsweiler wurde aus der KTG herausgelöst und der GJL als Stiftung übereignet. Nach wie vor dient Rimpertsweiler als praktische Arbeitsstätte für die Patienten der Heilstätte. Gleichzeitig wurde die Columban-Stiftung gegründet, die sich u. a. auch den ursprünglichen Zielen der KTG widmet.

Das Hofgut Rengoldshausen, einschließlich der Gärtnerei, im Eigentum der Miteigentümergemeinschaft Voith-Erben, ist ab Herbst mit einem langfristigen Vertrag gepachtet von der GJL, als Grundlage für deren Ziele der Ausbildung. Der Hof Hermannsberg, bisher Vorwerk, von Rengoldshausen aus mitbewirtschaftet, bekam eine Eigenständigkeit innerhalb der GJL.

Das mag alles zunächst etwas kompliziert klingen, ist aber die Schilderung eines Prozesses, Privateigentum übergeordneten Zwecken zur Verfügung zu stellen.

Die Gesellschaft zur Förderung der Jugend durch die Landwirtschaft formuliert in der Satzung ihre Ziele: «Die Gesellschaft verfolgt als Zweck die Förderung der Jugend in ihrer gesunden Entwicklung, durch die Verbindung von Natur, Arbeit und Forschung im biologisch-dynamischen Landbau, auch durch Ermöglichung neuer Sozialformen auf dem Lande», und speziell: «Sie übernimmt die Gründung und den Betrieb einer Ausbildungsstätte zur Lebensorientierung junger Menschen, die die biologisch-dynamische Landwirtschaft zum Ziel haben.» Aus diesen Zielen ist das unten näher beschriebene Landwirtschaftliche Grundjahr entstanden.

Die Gründung dieser Ausbildungsstätte konnte nicht im Rahmen einer privaten Einrichtung geschaffen werden, vor allem bei der Zielsetzung, neue soziale Formen auf dem Lande zu entwickeln.

## *Der Hof*

Grundlage für die Ausbildung ist der Hof, die Gärtnerei sowie die Menschen, die den Hof bewirtschaften und die Ausbildung durchführen.

Der Hof umfaßt 47 ha, davon 45 ha LN, und ist in den letzten drei Jahren von ca. 90 % Grünland und 10 % Ackerland auf 50 % Grünland (einschließlich 6 ha Hochstammobst) und 50 % Ackerland – Ackerfutterbau, Getreide, Hackfrucht, Feldgemüsebau – umgestellt worden, d. h. der Betrieb ist intensiviert worden, um eine Vielfältigkeit für die Ausbildung zu bieten.

Ca. 34 Kühe, 1 Bulle, Jungvieh, 2–4 Schweine, Hühner, Enten, Gänse und 20 Bienenvölker bilden den Tierbestand und somit die Grundlage der Düngung. Die angegliederte Pferdehaltung, ein Reitstall mit 20 Pferden, erweitert die Düngergrundlage. Der Pferdemist ist die Hauptzufuhr von außen und gewährleistet so auch die Versorgung der Gärtnerei mit Stallmist. Die Mischung von Kuh- und Pferdemist erfolgt auf der gemeinsamen Dunglege, die Kompostierung später am Feldrain.

Die Milch geht als Demeter-Vorzugsmilch (d. h. Rohmilch, verpackt) in den Handel. Voraussetzung für die Vorzugsmilch sind entsprechende Einrichtungen, die gut zu reinigen sind, wie ein gekachelter Melkstand, Kühleinrichtungen etc., sowie ständige Kontrollen der Kühe und der Milch durch das Veterinäramt und den Wirtschaftskontrolldienst.

Für die Neueinrichtung des Betriebes war es notwendig, den Stall zu renovieren (1986), da die Stalldecke und die Inneneinrichtung verrottet waren. Der Stall ist mit 36 Kuhplätzen und einem Bullenstand – als Anbindestall – eingerichtet. Täglicher Weidegang und Winterauslauf bieten genügend Bewegung. Über dem Stall ist das Heulager mit einer Belüftung ausgerüstet (1987). Die Futtergrundlage im Sommer ist Ackerfutter, vorwiegend Kleegras und Weidegang, im Winter Heu, Silage und Futterrüben. Als Kraftfutter wird Hafer angebaut. Außer dem Stall mußten die Scheune und ein Wohnhaus renoviert und eine Werkstatt gebaut werden.

Die Gärtnerei bewirtschaftet 1,5 ha Freiland, 1000 $m^2$ beheizbare Gewächshäuser und 400 $m^2$ Folienhaus und erzeugt vorwiegend Gemüse, aber auch Blumen.

Die Betriebsgemeinschaft ist gegliedert in Aufgabenbereiche: Ein Landwirtschaftsmeister mit Familie ist verantwortlich für Ackerbau und Vieh, ein Landwirt für Feldgemüsebau und Vertrieb, zwei Gartenbaumeister mit Familie für die Gärtnerei und ein Diplomlandwirt und seine Frau für das Landwirtschaftliche Grundjahr (siehe unten). In der Landwirtschaft arbeiten drei, in der Gärtnerei zwei Lehrlinge mit, die einen Lehrvertrag abgeschlossen haben und an den Kursen der Freien Landbauschule Bodensee teilnehmen, sowie halbtags die Teilnehmer am Landwirtschaftlichen Grundjahr.

Zur Hofgemeinschaft gehören, außer den Mitarbeitern im Betrieb, die Eigentümer des Hofes, welche auch dort wohnen.

Es werden fünf getrennte Haushaltungen geführt, was sich aus den Aufgabenbereichen und den Wohnmöglichkeiten ergibt. Insgesamt leben z. Zt. 35 Menschen, einschließlich 11 Kinder, sowie oft Gäste, Auslandspraktikanten u. a. auf dem Hof.

## *Das Landwirtschaftliche Grundjahr*

Das Landwirtschaftliche Grundjahr hat im März 1987 seine Arbeit mit 8 Teilnehmern aufgenommen.

In einem ersten Lehr- und Praktikantenjahr kommt der junge Mensch zum erstenmal mit den Aufgaben und Problemen der Landwirtschaft konkret in Berührung. Die Lehre besteht in einer Integration von praktischer Ausbildung im landwirtschaftlichen Betrieb, in der Gärtnerei oder im Haushalt mit begleitenden Kursen über die Grundlagen der Landwirtschaft: Einführung in die Probleme der Landwirtschaft, Erdentwicklung, Geologie, Bodenkunde, Pflanzenkunde, Evolution, Tierkunde, Bienenkunde, Menschenkunde, Maschinenkunde, Astronomie, Sozialkunde (in Epochen) sowie Eurythmie und Plastizieren. Die tägliche halbstündige Arbeit an der Erkenntnistheorie Rudolf Steiners ist eine gemeinsame Übung.

Den Schülern wird die Möglichkeit geboten, landwirtschaftliche Arbeiten von Grund auf kennen- und handhaben zu lernen, um später eine Technik so einsetzen zu können, daß sie den Anforderungen der Lebensgesetze in der Landwirtschaft entspricht.

So z. B. ist das Umgraben und Rechen im Garten eine Vorübung für Pflügen und Eggen auf dem Felde; sauberes Mähen mit der Sense und Wenden von Hand kann Voraussetzung sein für eine schonende Arbeit mit der Maschine; die Hackfruchtpflege und ihre arbeitstechnische Problematik kann am besten an der ersten Erfahrung durch Handarbeit erlebt werden. Arbeit in diesem Sinne ist wohl im Betriebsablauf sinnvoll eingesetzt, jedoch nicht im wirtschaftlichen Sinne produktiv, wie sie heute verstanden wird. Der Betrieb muß darauf abgestimmt sein.

Durch das Zusammenführen von Theorie und Praxis kann sowohl die persönliche Integration der jungen Menschen in einen für sie meist neuen Lebensbereich gefördert und damit die heute sehr notwendige Motivation für die Landwirtschaft erreicht als auch ein gesundes Wissenschaftsverhältnis und ein Verantwortungsbewußtsein gegenüber der sozialen und natürlichen Umwelt vermittelt werden.

Aus dem ersten Grundjahr 1987 haben drei Teilnehmer die landwirtschaftliche oder gärtnerische Lehre als Auszubildende mit Lehrvertrag fortgesetzt. Zwei haben ein Studium in Landwirtschaft und Pädagogik aufgenommen, und drei gingen vorzeitig. Im zweiten Jahr waren es sieben, von denen fünf in landwirtschaftlichen Berufen weiter lernen. Sie alle betrachten Rengoldshausen als ihre zweite Heimat.

Michael Schimmack (Lebendige Erde, Heft 6/1988) schreibt aus eigener Erfahrung: «So wie die Arbeit für Muskeln und Knochen anstrengend, aber auch abwechslungsreich und interessant war, so war es der Unterricht für den Geist. Unser Denken kämpfte sich durch Boden und Gestein, verfolgte das Pflanzenwachstum von der Wurzel bis zur Blüte, entdeckte ein wenig vom Wesen der Tiere... Wir wagten uns an Werkzeuge und Maschinen, fanden uns selbst wieder in der Menschenkunde, im Plastizieren mit Ton und in der Eurythmie... und kaum ein Morgen verging, ohne daß wir... Schriften von Rudolf Steiner lasen und zu verstehen versuchten.»

Schüler und Bauern treffen sich an einem Abend in der Woche, um an Hand der Tagebücher die Arbeitsprozesse im Betrieb im Zusammenhang zu sehen und sich gegenseitig auszutauschen.

Die Schülerzahl soll auch in Zukunft 10–12 nicht überschreiten, um zu gewährleisten, daß der Arbeits- und Lernprozeß nicht zur Arbeitsbeschaffungsmaßnahme oder Spielerei wird.

## *Organisation*

Die Hofgemeinschaft, ständige Mitarbeiter und Mitglieder der GJL am Ort, kommen jeden Donnerstagabend zum Hofabend zusammen.

Eingang der Gespräche bildet die Arbeit an einem anthroposophischen Text. Im weiteren werden Organisationsfragen von Hof und Gärtnerei sowie pädagogische Grundlagen, Aufnahmen von Teilnehmern zum Grundjahr u. a. besprochen.

Die Zeit für diese Gespräche reicht oft nicht aus, so bleiben Fragen offen, die in der nächsten Woche wieder aufgenommen werden müssen. Ziel bleibt immer die Einmütigkeit bei Beschlüssen. In diesem sozialen Prozeß bleiben Probleme nicht aus. Unausgesprochenes ist hinderlich für eine Verständigung. So ist das offene Gespräch Voraussetzung für die Zusammenarbeit und das Leben in der Gemeinschaft. Das ist ein Ziel, das man sich immer wieder neu vornehmen muß.

Die Gesellschaft zur Förderung der Jugend durch die Landwirtschaft e. V. hat z. Zt. 19 Mitglieder, die sich aus der obengenannten Gesprächsrunde u. a. zusammensetzen. Der Verantwortungsbereich der Gesellschaft umfaßt die Höfe Rimpertsweiler (60 ha), Hermannsberg (23 ha), Rengoldshausen (47 ha), die Gärtnerei Rengoldshausen (1,5 ha) und das Landwirtschaftliche Grundjahr.

Zweidrittel bis dreiviertel der Mitglieder treffen sich regelmäßig, mit einigen Ausnahmen bei Arbeitsspitzen, am 2. Sonntag im Monat. Berichte der Arbeitsbereiche sind die Grundlage der Gespräche über Themen wie z. B. Betriebsorganisation, Grundjahrgestaltung, Versicherungsfragen, Raum- und Baufragen, Vereinsfragen u. a. spezielle Fragen, wie z. B. Investitionen oder Festgestaltungen, sind an Ausschüsse delegiert. Eines dieser Treffen ist die offizielle Vereinssitzung. Über diese Treffen wird regelmäßig Protokoll geführt, was sich als sehr nützlich erweist. Nach außen wird die Gesellschaft von zwei Vorstandsmitgliedern vertreten.

Alle verantwortlichen Mitarbeiter sind Mitglieder der Gesellschaft und de jure von dieser angestellt. Hier sind wir auf der Suche nach neuen Formen, da de facto diese Mitarbeiter Mitunternehmer des gesamten Vorhabens sind. Entsprechend dem Stand eines beginnenden Unternehmens und der allgemeinen Situation der Landwirtschaft ist bei freier Station die Bezahlung der Mitarbeiter eingeschränkt.

### *Finanzielles*

Die Grundausstattung des Betriebes Rengoldshausen und der Gärtnerei, wie Pachtablösung, größere Bau- und Renovierungsarbeiten und ein Teil der Maschinenausstattung, wurden zunächst teilweise als Darlehen von der Columbanstiftung übernommen. Das Darlehen ist z. T. in die Gesellschaft gestiftet worden, Darlehen einzelner Mitarbeiter, die vertraglich geregelt werden, helfen mit, die Ausstattung zu verbessern.

Grundkonzept ist es, daß sich die Höfe und die Gärtnerei, einschließlich Lohnkosten, Gebäudereparaturen und Maschinenpark, selbst finanziell tragen. Das Landwirtschaftliche Grundjahr muß von außen durch Spenden und Beiträge der Teilnehmer finanziert werden. Der Arbeitseinsatz der Schüler im Betrieb, der Lernfeld ist, wird durch Naturalien ausgeglichen.

Die Produkte der Landwirtschaft und Gärtnerei werden direkt ab Hof an umliegende Konsumenten verkauft oder gehen über den Einzel- und den Großhandel vom Hof. Es hat sich dabei ein interessierter Kundenkreis entwickelt, der auch teilnimmt an Festen des Hofes wie dem Erntedankfest Anfang Oktober oder dem Weihnachtsspiel im Stall. In den späten Nachmittagsstunden, zur täglichen Melkzeit, kommen die Eltern mit ihren Kindern, die eine Pfütze, den Mist und die Kälber oder gar die Kühe beim Melken erleben können.

Es ist ein gewagtes Unterfangen, über eine sich bildende Gemeinschaft zu schreiben, die eigentlich noch «in den Windeln» liegt, aber es ist auch ein spannendes Erlebnis für alle, die an einem solchen Entwicklungsprozeß teilnehmen dürfen.

# Teil 3: Beispiele für Verbraucherbeteiligung

Friedrich von Homeyer

# Die Kuhhalter-Gemeinschaft von Hof Sackern

Hof Sackern in der Nähe von Witten, ein Betrieb von 20 ha, wird seit 1984 von einer Betriebsgemeinschaft von drei Familien biologisch-dynamisch bewirtschaftet. Diese sind als Betriebsgemeinschaft Pächter des Betriebes und Eigentümer des gesamten toten und lebenden Inventars außer den Milchkühen. Besitzer der zur Zeit 7 Milchkühe sind die 52 Mitglieder einer Kuhhalter-Gemeinschaft (KHG). Jedes Mitglied zeichnet Anteile an einer bestimmten Kuh. Die Mitglieder sind die ausschließlichen Abnehmer der ermolkenen Milch bzw. der Milchprodukte.

Die Mitglieder haben einen Pflegevertrag mit der Betriebsgemeinschaft abgeschlossen, in dem die Rechte, Pflichten und Leistungen der Vertragspartner beschrieben sind. Die Betriebsgemeinschaft stellt Stallraum zur Verfügung und übernimmt Füttern, Melken, Abgabe von Milch und Milchprodukten an die Mitglieder gemäß ihren Anteilen, sorgt für die Jungtieraufzucht und Bestandsergänzung. Dem Betrieb kommen dafür zugute: die Milch für die Kälber, die Verwertung der Altkühe und sonstiger schlachtreifer Tiere, vor allem aber der Mist, der die Grundlage der Bodenfruchtbarkeit ist.

Die Mitglieder der KHG zahlen monatlich eine Pflegepauschale. Nach Absprache mit dem Förderverein Hof Sackern e. V. können Vertrag und Pflegepauschale verändert werden.

Für eine biologisch-dynamische Bewirtschaftung ist Milchviehhaltung unerläßlich. Insofern traf es sich gut, daß ein Menschenkreis da war, der Kühe kaufen konnte, und die Betriebsgemeinschaft deren Haltung und Pflege übernehmen konnte und wollte. Ein anderer Aspekt verdient ebenfalls Beachtung. Die Mitglieder der KHG, Verbraucher von Lebensmitteln, suchten Produkte vom biologisch-dynamisch bewirtschafteten Hof und waren zugleich bereit, sich für die betriebliche Existenz und die Bewirtschaftungsform bis zu einem finanziellen Engagement einzusetzen.

Es gibt allerdings noch unentschiedene Fragen der Milchabgabe, die rechtlicher Art sind. Denn Hof Sackern hat keine Milchquote, darf also strenggenommen gar keine Milch erzeugen und vermarkten. Es gibt aber das Recht, Milch für den Eigenverbrauch zu erzeugen. In diesem Fall beansprucht jedes KHG-Mitglied dieses Recht. Es nutzt so auch die Freiheit, darüber zu entscheiden, wie die eigene Ernährung aussehen soll und auf welche Weise die verzehrten Lebensmittel hervorgebracht werden, nämlich auf einem biologisch-dynamisch geführten Hof.

Oft kann so ein Hof zur Verwirklichung seiner Aufgaben erst kommen, wenn das Anliegen des einzelnen an seiner Ernährung und dem Umgang mit der Natur über die Marktnachfrage hinaus dazu führt, für eine entsprechende Betriebsentwicklung gemeinschaftlich Sorge zu tragen, was seine Ergänzung dann auch in einem gemeinschaftlichen Eigentumsrecht finden muß.

Hans Peter Stappmanns

# Backhaus GbRmbH.

## Ein Beispiel für die Rechts- und Finanzierungsform einer Betriebsgemeinschaft

Die Stiftung «Land um die Stadt» stand vor dem Problem, Geld für die Umstrukturierung des Hofes Fischbach in der Nähe von Wiesbaden zu akquirieren. Die Investitionen für Umstellung auf die Biologisch-Dynamische Wirtschaftsweise erforderten das Beleihen der Sicherheiten, so daß für die Errichtung eines Backhauses und den Bau eines Rinderstalles keine Gelder eingesetzt werden konnten. Nach den Ergebnissen der vorgenommenen Wirtschaftlichkeitsberechnungen kann vor allem die Vermarktung des Getreides über das Verbacken und den Verkauf des Brotes eine nachhaltige Erlössteigerung bringen. Die ungünstige klimatische Lage des Hofes bedingt, daß das Erzeugen von Getreide allein keinen Gewinn auf langfristige Sicht verspricht.

Der Backhausbetrieb rechnet sich allerdings nur unter der Prämisse, daß Zinszahlungen für das eingesetzte Eigenkapitel (kalkulatorische Zinsen) nicht in die Kostenrechnung einfließen. Zinszahlungen für Fremdkapital würden bei einem langfristigen Zeitraum die Ertragsrechnung stark belasten.

Als Lösung bot sich an, daß das Eigenkapital zum Bau des Backhauses von einer breit gestreuten Eigentümergemeinschaft getragen wird. Da nach den Grundsätzen der sozialen Dreigliederung die Einflußnahme der Kapitalgeber auf das Wirtschaftshandeln möglichst gering bleiben sollte und zugleich eine handlungsfähige Betriebskonstruktion aufgebaut werden mußte, wurde die Beteiligung des einzelnen als stiller Gesellschafter angestrebt. Die im Handelsrecht üblicherweise existierenden Formen (GmbH, KG usw.) werden diesen Anforderungen stets nur unzureichend gerecht. Zum einen sind diese Rechtsformen für mehrere aktiv tätige Unternehmer als Gemeinschaft vorgesehen, zum anderen gibt es starke formelle Auswirkungen, wie z. B. Eintragung in das Han-

*Holzbackofen; im Arbeitsraum finden auch Schulpraktika statt*

delsregister, Bilanzierung, Prüfung usw., die eine solche Rechtsform ausschließen.

Für den einzelnen Interessenten am Backhausbetrieb steht im Vordergrund, daß er den Hof unterstützt und diesem ermöglicht, im Rahmen der Biologisch-Dynamischen Wirtschaftsweise die Böden in dieser Landschaft gesund zu erhalten. Der Interessent sieht darüber hinaus, was sein gegebenes Geld bewirkt, bekommt im Rahmen der Gesellschafterversammlung Rechenschaft über den Unternehmenserfolg und Einblick in die wirtschaftliche Handlungsweise.

Nicht zugemutet werden kann dagegen einem solchen Geldgeber, daß er auch über den Gesellschaftsanteil hinaus die Verluste trägt oder noch im Rahmen einer Nachschußpflicht für weitere Verluste aufkommt. Die Haftung muß daher begrenzt bleiben.

Schwierig ist auch, grundsätzlich jedem – auch dem Einkommensschwachen – eine Beteiligung an einer im Handelsrecht derzeit üblichen Gesellschaft zu ermöglichen. Die einzige Rechtsform, die diesen Zielsetzungen voll gerecht wird, ist die Gesellschaft bürgerlichen Rechts mit beschränkter Haftung nach den Vorschriften des §§ 705 ff. BGB.

Die Rechtssprechung des Bundesfinanzhofes hat diese Rechtsform bestätigt.

In der Anlaufphase des hier zu finanzierenden Backbetriebes entstehen Verluste aus mehreren Gründen:

- zuerst muß die Vermarktung geregelt werden, ein Kundenkreis muß aufgebaut werden, die Vertriebswege müssen sich einspielen,
- die in der Bauphase erfolgende Übergangsfinanzierung und die Geldbeschaffungskosten müssen abgedeckt werden,
- die Erzeuger – in vorliegendem Fall handelt es sich um mehrere Personen, die den Hof Fischbach bewirtschaften – stellen in der Umstellungsphase bei sinkenden Getreideerträgen nur die Selbstkosten in Rechnung. Diese Selbstkosten (die Kosten, die dem Hof bei der Getreideproduktion entstehen) liegen über dem Marktpreis für dieses Getreide. In dem Moment, in dem Getreide auf gesunden Böden produziert wird, also nach der Umstellungsphase, sinken die Selbstkosten, da mehr Getreide erzeugt wird. Die vorerst höheren Erzeugerkosten drücken daher in der Umstellungsphase das Betriebsergebnis,
- die aus steuerlichen Gründen zu wählende anfänglich hohe Abschreibung (5% der Herstellungskosten des Backhauses) führt ebenfalls zu Verlusten.

Dem stehen zu Beginn der Aufnahme des Backbetriebes keine ausreichenden Erträge gegenüber. Nach den vorgenommenen Berechnungen wird in den ersten fünf Jahren durch diese Umstände ein Verlust auftreten. Die Verluste werden bei der Vorlage des Betriebsergebnisses an das Finanzamt festgestellt und den einzelnen Beteiligten zugewiesen. Jeder Anteilseigner kann sie mit den erzielten anderen Einkünften (z. B. aus einem Arbeitsverhältnis) verrechnen (§ 46 des Einkommenssteuergesetzes). Der Anteilseigner erhält durch die Verlustzuweisung einen Vorteil.

Bei der Finanzierung der Einlage des Gesellschafters orientiert man sich auch an den Geschäftsbedingungen der GLS-Gemeinschaftsbank, die einen Betrag für eine zu bildende Leihgemeinschaft vorfinanziert, ohne daß es aufwendiger weiterer Beleihungsprüfungen bedarf.

Als Beispiel wurde jedem Interessenten eine Regeleinlage von 3000,– DM empfohlen. Hierfür ist eine monatliche Zahlung von DM 50,– auf fünf Jahre erforderlich. Diese Variante der Zahlung eröffnet so dem Anleger, daß er mittels eines Kleinbetrages die zunächst anlaufenden Verluste steuerlich absetzen kann (zuzüglich der von der GLS-

Bank in Rechnung zu stellenden Kosten). Somit kann auch jemand Anteilseigner an der Gesellschaft werden, der nur über ein durchschnittliches Einkommen verfügt.

Die Stiftung «Land um die Stadt» ist Eigentümer des Grund und Bodens des Hofes Fischbach und auch des errichteten Backhauses. Sie tritt gegenüber der Backhaus-Betriebsgesellschaft als Vermieter auf und stellt dieser die Gebäudeabschreibung zuzüglich der auf diese Abschreibung entfallenden Mehrwertsteuer in Rechnung. Die Stiftung kann daher auch die Mehrwertsteuer auf die bei der Errichtung des Gebäudes anfallenden Rechnungsbeträge vom Finanzamt erstattet bekommen.

Wie kommt nun das von den Anteilseignern gezahlte Geld der Stiftung zu? Es wird der Stiftung von der Betriebsgesellschaft Backhaus GbRmbH als Darlehen ohne Zinsverpflichtung überlassen, von dem der jährliche Mietbetrag abgebucht wird. Nach ca. fünf Jahren gerät auch die Betriebsgesellschaft Backhaus GbRmbH in die Gewinnzone. Der Gewinn sollte aber nicht ausgezahlt werden, sondern anderweitig – wiederum für Zwecke des biologisch-dynamischen Landbaus – Verwendung finden. Deshalb sollte zu diesem Zeitpunkt eine Neuorganisation der Gesellschaft stattfinden und dem einzelnen Anteilseigner das Guthaben (sog. Auseinandersetzungsguthaben) erstattet werden. Dieses Auseinandersetzungsguthaben ist durch die angelaufenen Verluste erheblich geringer als das an die Betriebsgesellschaft gezahlte Eigenkapital.

Die gewählte Rechtsform bietet die Möglichkeit für Einleger, daß unabhängig von den vielfach schon völlig ausgenutzten Möglichkeiten der Spendenabzugsfähigkeit noch eine Form der Abzugsfähigkeit gegeben ist. Dies ist mit kleineren Beträgen auch schon möglich. Von Seiten der Steuerverwaltung wurden bisher keine Einwände gegen eine solche Form der Beteiligung geäußert.

Der Anteilseigner bekommt im Laufe der fünf Jahre – um in dem vorgeschlagenen Beteiligungsrahmen zu verbleiben – Steuervorteile, die sich nach der Höhe seiner bei anderen Einkünften zu zahlenden Steuer richten. Da die Steuerprogression derzeit ca. 25% bis 56% der zu versteuernden Einkünfte erfaßt und davon ausgegangen wird, daß die Verlustzuweisung fast 100% des eingesetzten Kapitals betragen wird, bekommt der Anteilseigner bei der vorgeschlagenen Beteiligung von 3000 DM zwischen 1400 DM und 2250 DM vom Finanzamt erstattet.

Die Initiatoren versprechen sich vor allem, daß jedem Anteilseigner ein Gefühl für die Biologisch-Dynamische Wirtschaftsweise gegeben wird und daß auf diese Weise Modelle für die Erhaltung der Kulturlandschaft und zur Schaffung gesunder Böden ermöglicht werden. Die Tatsache, daß das Steuerrecht hier mithelfen kann, ist lediglich ein gewollter Nebeneffekt.

Franz Hartz

# Der Förderkreis für Umwelt-gesundung

## durch Biologisch-Dynamische Wirtschaftsweise gem. e. V. München

### *Gründungsimpulse*

München war nach Berlin, Hamburg, Hannover, Kassel, Stuttgart und Nürnberg eine der letzten großen Stadtregionen, in der es zu einer von Verbrauchern initiierten Förderung der Biologisch-Dynamischen Wirtschaftsweise kam. Die im Dezember 1971 erfolgte Gründung des «Förderkreises für Umweltgesundung» entsprang einerseits dem Konsumbedürfnis nach biologisch-dynamisch angebauten Produkten, andererseits der Vorstellung, den Anbau und die Vermarktung dieser Produkte mit dem Impuls der sozialen Dreigliederungsidee Rudolf Steiners zu verbinden. Die Vereinsgründung ist das Ergebnis langjähriger Studienarbeit im «Sozialen Arbeitskreis» des Arbeitszentrums München der Anthroposophischen Gesellschaft.

### *Die 70er Jahre: Aufbauzeit*

Die Gründungssatzung gab drei Ziele vor, die mit viel Begeisterung angegangen wurden:

1. Die Öffentlichkeit über die gesunderhaltende und heilende Wirkung der Biologisch-Dynamischen Wirtschaftsweise und ihrer Erzeugnisse aufzuklären.
2. Als uneigennütziges Bindeglied zwischen Herstellern, Verarbeitern und Verbrauchern zu wirken, um zu einem gegenseitigen Verständnis der Bedürfnisse dieser Gruppen und einer assoziierten Arbeit zu gelangen.

3. Die Entstehung und den Ausbau bestehender Höfe, die biologisch-dynamisch arbeiten, zu fördern.

Der Schwerpunkt der Vereinstätigkeit lag in der Funktion des «uneigennützigen Bindegliedes». Diese altruistische Forderung machte es Außenstehenden schwer, sich mit den Zielen des Förderkreises zu verbinden. So ist die Zahl der Mitglieder in den vergangenen zehn Jahren annähernd gleich geblieben. Wir haben zur Zeit 122 Vollmitglieder. Die Zahl der Förderer und Interessenten dürfte in etwa gleich der Zahl der Mitglieder sein.

Von Interesse ist die Frage, wie das Tätigkeitsfeld des Vereins aufgebaut wurde. In der Anfangszeit fanden sich einige Freunde, die mit dem Vorstand zusammen drei Arbeitsgruppen bildeten:

- Öffentlichkeitsarbeit
- Kontaktpflege Landwirtschaft
- Kontaktpflege Handel und Verbraucher.

Für die Einrichtung der Öffentlichkeitsarbeit lagen Erfahrungen vor, und es wurden bald Vortragsveranstaltungen abgehalten. In den anderen Gruppen dagegen mußten grundlegende Erfahrungen erst gesammelt werden. Das bedeutete zunächst die Einarbeitung in die Zusammenhänge der biologisch-dynamischen Arbeit in Südbayern und der Münchner Region. Im ersten Geschäftsjahr (1972) wurden Kontakte zum Forschungsring in Darmstadt, zum Demeter-Bund in Stuttgart und zum Bund der Berater im Forschungsring geknüpft, aus denen das Verständnis für die Zusammenhänge erwuchs. Das war nicht einfach! Zur eigenen Orientierung wurden viele Demeter-Höfe im Umkreis von ca. 100 km um München besucht. Wir erhielten dabei wichtige Einblicke in die Beratungsaufgaben, die sich nach dem Tode des in Bayern tätigen Beraters besonders schwierig gestalteten. Auf diesem Hintergrund haben wir dann eine Spendenaktion gestartet, mit dem Erfolg, daß 1978 ein Berater für Südbayern und das Allgäu eingestellt werden konnte.

Die Finanzierung der Beratung ist seitdem eines der wichtigsten Anliegen des Förderkreises. Der Förderkreis war später Mitbegründer der «Gemeinnützigen Treuhand Landwirtschaft» (GTL), die einen nicht unwesentlichen Beitrag zur Finanzierung der Beratung biologisch-dynamisch geführter Betriebe in den verschiedenen Bundesländern leistet.

Ein weiterer Schwerpunkt der Arbeit in der Aufbauzeit wurde die Förderung der Pflanzenzucht. Sie ist es heute noch. So konnten wir 1984 über eine Spendenaktion Hof Grub bei Gars am Inn helfen.

Grundlegende Erfahrungen mußten auch im Bereich von Handel und Verbrauch gemacht werden. Durch eine im Laufe der Jahre engere Zusammenarbeit mit dem Demeter-Bund konnten die Wechselwirkungen zwischen Verbraucher- und Händlerverhalten in aller Deutlichkeit verfolgt werden. Oft erlebten wir die Ohnmacht gegenüber «Sachzwängen» des rasch expandierenden Handelszweiges der Reformhäuser und später der Naturkostläden.

1978 erlangte der Verein den Status der Gemeinnützigkeit. Das dadurch wachsende Spendenaufkommen hat den finanziellen Spielraum deutlich verbessert, die Verwaltung dagegen erschwert. Gegen Ende der 70er Jahre machte die bundesweite Verbraucherarbeit eine Arbeitsteilung der Vorstandsaufgaben erforderlich. Die Bildung eines Initiativkreises zur Unterstützung und Beratung des Vorstandes war die Antwort auf die gestiegenen Anforderungen, die von innen nach außen auf den Förderkreis zukamen. Wegen der steigenden Ausgaben wurden die Mitgliedsbeiträge von DM 40,– auf DM 60,– pro Jahr angehoben.

## *Die 80er Jahre: Konsolidierung*

Vermarktungsfragen der Milch im bayerischen Raum waren es, die den Schwerpunkt der Förderkreisarbeit zum Handel hin verschoben. Seit den 80er Jahren werden Gespräche über assoziatives Wirtschaften mit Landwirten, Verarbeitern und Naturkosthändlern geführt. Die Anregungen hierzu kamen von den Beratern, die die Vermarktungsbedürfnisse der Landwirte in einen größeren Kreis tragen wollten. Die unterschiedlichen Interessen konnten leider nie auf einen Nenner gebracht werden. Nachdem die Berater aus Zeitgründen nicht mehr an den Gesprächen teilnehmen können und uns die Sachkompetenz fehlt, sind die Wirtschaftsgespräche nicht mehr geführt worden. Der Verein stößt hier an seine Grenzen: Den aktiven Mitgliedern des Förderkreises ist es neben ihren beruflichen Aufgaben nicht möglich, die Fülle der Sachfragen zu bewältigen. Hier könnte erst eine professionelle Mitarbeit weiterhelfen, was aus finanziellen Gründen zunächst nicht realisierbar ist. Das

Finanzvolumen des Förderkreises beträgt derzeit nur etwa 15000,– DM. (Das Spendenaufkommen schwankt dabei zwischen 3000,– und 6000,– DM im Jahr.)

Deswegen geht uns die Arbeit nicht aus! Seit Tschernobyl haben wir begonnen, eine Hofhilfe aufzubauen, zu der sich über hundert Interessenten gemeldet haben. Kochkurse werden durchgeführt, eine Verbraucherumfrage wird ausgewertet, auf deren Grundlage weitere Gespräche mit dem Handel vorgesehen sind. Als Ergebnis von Gesprächen mit dem Demeter-Bund und der Arbeitsgemeinschaft für Verarbeitung und Vertrieb von Demeter-Erzeugnissen (AVV) ist für Anfang 1989 eine Einzelhändlerschulung im Naturkostbereich vorgesehen.

# Teil 4: Beispiele für Vertragsgestaltungen

Die nachstehenden Satzungen und Verträge sind nur zur allerersten Orientierung gedacht und können *nicht* die individuelle Gestaltung der Rechtsverhältnisse in den jeweiligen Initiativen ersetzen. Daher werden hier lediglich allgemein-rechtliche Passagen wiedergegeben. Es sollte selbstverständlich eine rechtskundige Person von Anfang an zu Rate gezogen werden, um ein späteres «böses Erwachen» an den fixierten Realitäten zu vermeiden.

Neben Auszügen aus Vereinssatzungen und Kooperations- bzw. Nutzungsverträgen wird auch ein Einblick in den rechtlichen Hintergrund einer GmbH, einer KG und einer Stiftung gegeben.

*H. G./M. V. L.*

## Eigentümer-Verein des Hofes einer Landwirtschafsgemeinschaft (Beispiel 1)

§ 1: 1. Der Verein trägt den Namen XY, Gemeinnütziger Verein für Volkspädagogik, Landwirtschaftslehre und Sozialarbeit e. V.

. . . . .

§ 2: 1. Aufgaben des Vereins sind

- die Forschung auf naturwissenschaftlichem, sozialtherapeutischem, pädagogischem, kulturellem, wirtschaftlichem und sozialem Gebiet,
- die Erstellung von Praxisfeldern für wissenschaftliche Arbeit in den vorgenannten Lebensbereichen,
- die sozialtherapeutische Arbeit mit geistig behinderten, seelenpflegebedürftigen und sozialgeschädigten Jugendlichen und Erwachsenen,

- die Ausbildung in Landwirtschaft und in ländlicher Hauswirtschaft,
- die Förderung von Maßnahmen zur Behebung der Arbeitslosigkeit.

2. Die Forschung auf naturwissenschaftlichem Gebiet soll in erster Linie dem Erproben und Erfassen der Grundlagen der biologisch-dynamischen Landbaumethode dienen, insbesondere der Erforschung neuer Produktionstechniken und der Berücksichtigung der ökologischen Zusammenhänge.
3. Die sozialtherapeutische Forschung soll in erster Linie die sinnvolle Einbindung von seelenpflegebedürftigen und sozialgeschädigten Menschen in die landwirtschaftliche Arbeit und in die Hofgemeinschaft als sozialtherapeutische Methode umfassen.
4. Die Forschung auf kulturellem Gebiet soll der Erhaltung alten bäuerlichen Kulturgutes und der Erneuerung des ländlichen Kulturlebens dienen. Das Verhältnis von Stadt- und Landbevölkerung soll besonders berücksichtigt werden.
5. Die Forschung auf wirtschaftlichem Gebiet soll der Gestaltung eines weitgehend in sich geschlossenen landwirtschaftlichen Betriebskreislaufes und der Erforschung der betriebswirtschaftlichen und volkswirtschaftlichen Bedingungen einer solchen Gestaltung dienen.
6. Die Forschung auf sozialem Gebiet soll sich mit den angemessenen Arbeitsbedingungen einer modernen Landwirtschaft, mit der Gestaltung der Altersversorgung für Landwirte und mit sonstigen im Rahmen eines Landwirtschaftsbetriebes entstehenden sozialen Fragen befassen.
7. Zu diesem Zweck wird der Verein einen Bauernhof erwerben, ihn einer angemessenen Anzahl von Menschen zur Nutzung zur Verfügung stellen und dabei bewirken, daß Boden, Pflanze, Tier und Mensch im Vollzuge des den Hoforganismus bildenden Prozesses wirklichkeitsgemäß gepflegt werden unter Beachtung der anthroposophischen Forschungsergebnisse. Die Forschung soll in Zusammenarbeit mit dem Forschungsring für Biologisch-Dynamische Wirtschaftsweise e. V., Darmstadt, und mit der Freien Hochschule für Geisteswissenschaft, Goetheanum, Dornach/Schweiz, erfolgen.
   Der Hof wird jeweils von qualifizierten Landwirten bewirtschaftet.

. . . . .

# Eigentümer-Verein des Hofes einer Landwirtschaftsgemeinschaft (Beispiel 2)

. . . . .

§ 2: Aufgabe des Vereins

1. Aufgabe des Vereins ist die Förderung der geisteswissenschaftlichen und naturwissenschaftlichen Forschung, der Erziehung, Volks- und Berufsbildung.
2. Zur Erfüllung dieser Aufgaben wollen die Mitglieder des Vereins insbesondere
   - sich um ein Verständnis der anthroposophischen Geisteswissenschaft und Naturwissenschaft auf den Gebieten der Landwirtschaft, Landschaftspflege und Landschaftsgestaltung sowie auf den Gebieten der Sozialgestaltung und Pädagogik bemühen und die Forschung auf diesen Gebieten anregen und unterstützen,
   - für die genannten Gebiete Praxisfelder zur Verfügung stellen, die der Forschung und der Anwendung der Forschungsergebnisse dienen; dazu gehört insbesondere, daß der Verein den landwirtschaftlichen Betrieb Gut XY erwirbt und im Sinne der biologisch-dynamischen Landwirtschaftsweise bewirtschaften läßt,
   - Gestaltungsformen entwickeln, die Menschen aus dem Umkreis des Hofes Gelegenheit geben, sich in verantwortlicher Weise an der Pflege der Erde zu beteiligen,
   - in Zusammenarbeit mit Schulen, Kindergärten und sonstigen Bildungseinrichtungen eine Verbindung von Stadt und Land anregen, insbesondere durch Hofbesuche, Schülerpraktika und Epochenunterricht im Rahmen eines landwirtschaftlichen Betriebes,
   - die Grundlage für eine qualifizierte Berufsausbildung in der Landwirtschaft erarbeiten und eine entsprechende Ausbildung einrichten.
   - Weiterbildungsveranstaltungen und künstlerische Übungen anzuregen und durchzuführen.
3. Der Verein ist selbstlos tätig und verfolgt ausschließlich und unmittelbar gemeinnützige Zwecke . . .

§ 3: Mitgliedschaft

1. Die Mitgliedschaft können alle natürlichen Personen erwerben, die an den Aufgaben des Vereins mitwirken wollen.

. . . . .

§ 5: Organe

Organe des Vereins sind
- die Konferenz (Mitgliederversammlung gemäß § 32 BGB),
- die Sprecher der Konferenz (Vorstand gemäß § 26 BGB).

§ 6: Konferenz

1. Der Konferenz gehören alle Mitglieder des Vereins an.

. . . . .

4. Die Konferenz beschließt insbesondere über
   - den Jahresabschluß und den Haushaltsplan des Vereins,
   - die Wahl der Sprecher und die Entlastung der Sprecher,
   - die Aufnahme und den Ausschluß von Mitgliedern,
   - die Änderung der Satzung,
   - die grundsätzlichen Entscheidungen über Veränderungen an Gebäuden des Vereins und in der Gestaltung der Grundstücke des Vereins,
   - den Verkauf und die grundbuchliche Belastung von Grundstücken des Vereins,
   - den Erwerb neuer Grundstücke und
   - die Auflösung des Vereins.

. . . . .

8. Die am Ort ansässigen Mitglieder der Konferenz treffen sich in einem regelmäßig tagenden Arbeitskreis, in dem die soziale, kulturelle und wirtschaftliche Konzeption des gesamten Projektes XY beraten und weiterentwickelt wird. Zu diesem Arbeitskreis können auch Nichtmitglieder eingeladen werden. Der Arbeitskreis unterrichtet die Konferenz regelmäßig über die Entwicklung der Arbeit.

§ 7: Sprecher

1. Die Sprecher der Konferenz führen die Geschäfte des Vereins. Die Konferenz hat mindestens zwei, höchstens fünf Sprecher.
2. Die Sprecher werden von der Konferenz auf die Dauer von drei Jah-

ren gewählt. Eine Wiederwahl ist möglich. Sprecher bleiben auf jeden Fall so lange im Amt, bis eine Neuwahl erfolgt ist.

3. Jeweils zwei Sprecher sind gemeinsam vertretungsberechtigt.

. . . . .

## Gesellschaftsvertrag einer Landwirtschaftsgemeinschaft

§ 1: Ziele und Aufgaben der Landwirtschaftsgemeinschaft

1. In der «Landwirtschaftsgemeinschaft XY» haben sich Menschen zusammengeschlossen zum Zwecke des gemeinsamen Betreibens einer Landwirtschaft auf biologisch-dynamischer Grundlage auf Hof X. Ziel des Zusammenschlusses ist die Ermöglichung einer verantwortungsbewußten Landwirtschaft auf biologisch-dynamischer Grundlage unter Beachtung von ökologischen und sozialen Gesichtspunkten.
2. Die Gesellschafter der Landwirtschaftsgemeinschaft sind durch den Eigentümer des Hofes, den Verein «X, Gemeinnütziger Verein für Volkspädagogik, Landwirtschaftslehre und Sozialarbeit e. V.» ermächtigt, den Grund und Boden, die Gebäude und Anlagen des Hofes für den Betrieb einer Landwirtschaft auf biologisch-dynamischer Grundlage zu nutzen. Aufgrund ihres Nutzungsvertrages mit dem Verein sind die Gesellschafter verpflichtet und verantwortlich, daß durch eine intensive Bewirtschaftung hochwertige Nahrungsmittel für die Allgemeinheit erzeugt werden. Hierbei sind Gesichtspunkte des Umweltschutzes und ökologische Erkenntnisse zu beachten. Beim Betrieb der Landwirtschaft sollen auch soziale Gesichtspunkte Berücksichtigung finden, wie die Eingliederung von behinderten oder hilfsbedürftigen Menschen.
3. Die Gesellschaft bemüht sich um eine rentable, langfristig gewinnorientierte Landwirtschaft. Diese soll aber nicht durch kurzsichtige Ausbeutung von Natur und Mensch entstehen. Angestrebt ist vielmehr eine neue landwirtschaftliche Ökonomie durch die Gestaltung eines Hoforganismus, der die in Erde, Pflanze, Tier und Mensch liegenden Kräfte und Substanzen ihren geistigen Gesetzen gemäß zu-

sammenfügt. Grundlage dieser Bemühungen ist die von Rudolf Steiner begründete anthroposophische Geisteswissenschaft, insbesondere seine Anregungen zu einer Neugestaltung der Landwirtschaft.

§ 2: Stellung der Gesellschafter

1. Gesellschafter der Landwirtschaftsgemeinschaft kann jeder erwachsene Mensch werden (ab 18 Jahre), der bereit ist, an den obengenannten Aufgaben mitzuwirken. Mit dem Beitritt übernimmt der Gesellschafter die Mitverantworung für die der Landwirtschaftsgemeinschaft anvertraute Erde.
2. Voraussetzung für die Aufnahme ist die Abgabe der erforderlichen Erklärungen gegenüber der GLS Gemeinschaftsbank e. G., Bochum (betr. die Inanspruchnahme eines Kontokorrent-Kredites in Höhe von bis zu DM 3000,–).
3. Als Beitrag stellen die Gesellschafter ihr Kreditvolumen bei der GLS Gemeinschaftsbank in Höhe von DM 3000,– der Landwirtschaftsgemeinschaft als ihre Beteiligung zur Verfügung. Eine Verpflichtung zur Beteiligung an der Gesellschaft oder eine Haftung entsteht nur in Höhe dieses Betrages. Eine Haftung gegenüber Dritten entsteht nicht, da die Betriebsleiter im eigenen Namen handeln (vgl. § 3 Abs. 1).
4. Über die Aufnahme entscheiden die Bevollmächtigten zusammen mit den Betriebsleitern. Wenn ein Gesellschafter der Landwirtschaftsgemeinschaft dies wünscht, erfolgt die Entscheidung durch die Landwirtschaftsgemeinschaft. Die Landwirtschaftsgemeinschaft soll etwa soviel Gesellschafter haben, wie landwirtschaftliche Flächen in Morgen (2500 $m^2$) zur Verfügung steht (z. Zt. 160 Morgen).
5. Die Gesellschafter können – in Abstimmung mit der Betriebsleitung – auf dem Hof mitarbeiten und sich auf dem gesamten Gelände aufhalten. Hierbei sind die betrieblichen Erfordernisse zu beachten und ist auf das gemeinschaftliche Leben der Hofbewohner Rücksicht zu nehmen.

. . . . .

§ 3: Wirtschaftsführung

1. Die Landwirtschaftsgemeinschaft überträgt den Betrieb des Hofes einem oder mehreren Betriebsleiter/n. Die Betriebsleiter führen den

Hof selbständig und eigenverantwortlich nach den in § 1 genannten Grundsätzen.

Das Vermögen der Landwirtschaftsgemeinschaft und ihre Nutzungsrechte werden den Betriebsleitern zur Verwaltung als treuhänderisches Eigentum übertragen. Zur Durchführung des Hofbetriebes werden nach außen hin nur die Betriebsleiter tätig; sie handeln im eigenen Namen.

Im Innenverhältnis sind die Betriebsleiter gegenüber der Landwirtschaftsgemeinschaft zur ordnungsgemäßen Durchführung ihrer Aufgaben verpflichtet und verantwortlich. Der Betrieb der Landwirtschaft ist wirtschaftlich und steuerlich der Landwirtschaftsgemeinschaft (Treugeber) zuzurechnen.

2. Die Landwirtschaftsgemeinschaft bestimmt in einem jährlichen Haushaltsplan den Rahmen der Wirtschaftsführung. Wesentliche Abweichungen hiervon müssen die Betriebsleiter und die Bevollmächtigten in einer Versammlung der Landwirtschaftsgemeinschaft besprechen.
3. Zur Finanzierung des laufenden Betriebes der Landwirtschaftsgemeinschaft nehmen die Betriebsleiter das Kreditvolumen der Landwirtschaftsgemeinschaft bei der GLS Gemeinschaftsbank in Anspruch. Die Betriebsleiter sind hierzu berechtigt, im Rahmen des Haushaltsplanes bei der Bank die notwendigen Beiträge abzurufen.
4. Über die Verwendung von Gewinnen und den Ausgleich von Verlusten entscheidet die Versammlung der Landwirtschaftsgemeinschaft durch Beschluß. Gewinne sollen im Interesse einer langfristigen landwirtschaftlichen Ökonomie (vgl. § 1 Abs. 3) verwendet werden.

. . . . .

§ 5: Betriebsleitung

1. Die Betriebsleiter sind auf Lebensarbeitszeit zum Betrieb der Landwirtschaft auf Hof XY berechtigt. Sie schlagen in gegenseitigem Einvernehmen und im Einvernehmen mit den Bevollmächtigten ihre Nachfolger vor. Diese bedürfen der Bestätigung durch die Landwirtschaftsgemeinschaft. Die Landwirtschaftsgemeinschaft kann ihre Zustimmung jedoch nur aus wichtigem Grund verweigern.

In entsprechender Weise können auch weitere Betriebsleiter eingesetzt werden.
Die Betriebsleiter sollen aus ihrem Amt erst ausscheiden, nachdem sie ihren Nachfolger eingearbeitet haben.

2. Den Betriebsleitern obliegt auch die Auswahl der Mitarbeiter. Die Einstellung von Mitarbeitern erfolgt im Einvernehmen mit den Bevollmächtigten.
Ebenso erfolgt die Aufnahme von ständig auf dem Hof lebenden Menschen in Abstimmung mit den Bevollmächtigten.
3. Die Betriebsleiter werden auch Gesellschafter der Landwirtschaftsgemeinschaft. Sie sind berechtigt, aus dem Betriebsvermögen der Landwirtschaftsgemeinschaft die für ihre Lebensführung erforderlichen Erzeugnisse und Geldmittel im Rahmen des Haushaltsplanes zu entnehmen (Vorausgewinn). Die Betriebsleiter erhalten im Alter ein Altenteil.

. . . . .

§ 6: Bevollmächtigte

1. Die Bevollmächtigten führen die Geschäfte der Landwirtschaftsgemeinschaft. Sie sind beratend und helfend in der Betriebsführung tätig. Sie informieren die Gesellschafter der Landwirtschaftsgemeinschaft zusammen mit den Betriebsleitern über die laufenden Angelegenheiten.
2. Die Bevollmächtigten vertreten die Landwirtschaftsgemeinschaft in allen Angelegenheiten, die nicht den Betrieb des Hofes betreffen. Sie sind jeweils zu zweit vertretungsberechtigt. Die Bevollmächtigten sind von den Beschränkungen des § 181 BGB befreit.
3. Die Bevollmächtigten werden für die Dauer von drei Jahren durch die Gesellschafterversammlung gewählt. Vorschläge hierzu kann jeder Gesellschafter machen. Die Vorschläge sollen mit den Betriebsleitern und den bisherigen Bevollmächtigten abgestimmt werden.

§ 7: Versammlung der Landwirtschaftsgemeinschaft

1. Eine jährliche ordentliche Gesellschafterversammlung beschließt insbesondere über
   - die Feststellung des Jahresabschlusses
   - die Verwendung von Gewinnen und den Ausgleich von Verlusten

- die Entlastung der Bevollmächtigten und Betriebsleiter
- das Jahresbudget
- die Wahl neuer Bevollmächtigter

. . . . .

4. Beschlüsse sollen grundsätzlich einmütig gefaßt werden. Wenn dies nicht gelingt, kann in einer weiteren Gesellschafterversammlung an einem anderen Tage mit Dreiviertelmehrheit beschlossen werden. Jeder Gesellschafter hat eine Stimme. Eine Vertretung ist ausgeschlossen.
5. Neben den Gesellschafterversammlungen finden Hoftreffen statt. Dort werden die Gesellschafter über die laufenden Angelegenheiten der Landwirtschaftsgemeinschaft durch die Betriebsleiter und durch die Bevollmächtigten unterrichtet. Durch Vorträge, Hofbegehungen und andere geeignete Mittel sollen die Gesellschafter über die biologisch-dynamische Landwirtschaft aufgeklärt werden und am Jahreskreislauf der Landwirtschaft teilnehmen können.
Hoftreffen sollen mindestens vierteljährlich erfolgen. Neue Termine werden bei den Treffen vereinbart; eine weitere Einladung ist nicht erforderlich.

. . . . .

## Antrag auf Teilnahme an der Landwirtschaftsgemeinschaft XY.

### *I. Beteiligung*

Hiermit beteilige ich mich (entsprechend einem stillen Gesellschafter im Sinne des HGB) an der von der Betriebsgemeinschaft Hof X (Unternehmer) betriebenen Landwirtschaft auf dem Hof X und bilde mit allen übrigen bis zu x Personen, die eine entsprechende Vereinbarung unterzeichnen, die Landwirtschaftsgemeinschaft XY (LWG).

## *II. Beiträge und Einlagen*

Meinen Beitrag im Rahmen der LWG erbringe ich wie folgt:

1. Ich eröffne der Betriebsgemeinschaft XY bei der GLS Gemeinschaftsbank einen Kreditrahmen in Höhe von DM 1000,– zur Finanzierung der betrieblichen Aufwendungen und werde die hierzu erforderliche Vereinbarung mit der Bank treffen.
2. Zur vorläufigen – und für den Fall, daß eine Abdeckung aus Betriebsgewinnen nicht möglich ist, zur endgültigen – Sicherung des Lebensunterhaltes der Mitglieder der Betriebsgemeinschaft leiste ich laufende Beiträge, die sich an den im Wirtschaftsplan ausgewiesenen Entnahmen zum Lebensunterhalt orientieren.
   Die Höhe meiner Beiträge bestimme ich in freier Selbsteinschätzung jährlich neu durch schriftliche Erklärung gegenüber den Bevollmächtigten der LWG.
3. Zur Sicherung des für den Hofzusammenhang erforderlichen Viehbestandes kann ich – gegebenenfalls gemeinsam mit anderen LWG-Mitgliedern – eine Kuh erwerben, die ich zur Pflege in den Hoforganismus einstellen will.
4. Durch Mitarbeit auf dem Hof kann ich nach Absprache mit den Mitgliedern der Betriebsgemeinschaft im Einzelfall an der Verwirklichung der Aufgaben der Landwirtschaftsgemeinschaft mitwirken.

## *III. Mitwirkung*

Die Bevollmächtigten der Landwirtschaftsgemeinschaft beraten in regelmäßigen Zusammenkünften mit den Mitgliedern der Betriebsgemeinschaft über die wesentlichen Belange des Unternehmens.

Wenn ich kontinuierlich an diesen Fragen mitarbeiten will, kann ich nach Abstimmung mit den Bevollmächtigten an diesen Beratungen teilnehmen.

### *IV. Überschußverwendung, Gewinn- und Verlustbeteiligung, Haftung*

Überschüsse aus den Beiträgen der Mitglieder der LWG gemäß II. 2. bzw. dem laufenden Betriebsergebnis werden nach Berücksichtigung der Aufwendungen für den Lebensunterhalt der Mitglieder der Betriebsgemeinschaft nach den Beschlüssen der Teilnehmerversammlung der LWG für die betrieblichen Belange der Landwirtschaftsgemeinschaft oder für die Aufgaben des Vereins XY e.V. oder in den Kooperationszusammenhängen der Höfegemeinschaft AB verwendet; es sei denn, daß die Versammlung einmütig etwas anderes beschließt.

An dem Betriebsergebnis (Gewinn oder Verlust) bin ich – nach Berücksichtigung des Vorabgewinnanteils der Mitglieder der Betriebsgemeinschaft wegen ihrer Entnahmen zum Lebensunterhalt – mit allen übrigen Mitgliedern der LWG gleichmäßig, d. h. nach gleichen Grundsätzen beteiligt.

Meine Haftung aus dieser Vereinbarung ist auf die geleisteten Beiträge im Sinne der Ziffer II. 2. und den Ausgleich des Kredites im Rahmen der Ziffer II. 1. dieser Vereinbarung beschränkt.

. . . . .

## Auszug aus der Kooperationsvereinbarung für die Bewirtschaftung des Hofes X

### *Eigentumsverhältnisse*

§ 1: Die XY e.V. ist Eigentümer der Hofstelle X und der die Hofstelle umgebenden Landflächen; die übrigen zum Hof gehörenden Ländereien hat sie von der... gepachtet.

§ 2: Die Landwirte haben der XY e.V. das in einer besonderen Urkunde aufgeführte lebende und tote Inventar schenkungsweise übereignet. Das Umlaufvermögen (Vorräte, Guthaben bei Banken, Bargeld, Feldinventar und stehende Ernte zum 30.06. d.J.) hat die Landwirtschaftsgemeinschaft X nach Köpfen anteilig von den vorgenannten Landwirten übernommen gegen die Verpflichtung, es bei Aufgabe der Kooperation den obengenannten Landwirten anteilig nach Köpfen in Natur zurückzugeben. Diesen Rückgabeanspruch haben die Landwirte ebenfalls an die XY e.V. schenkungsweise abgetreten.

### *Landwirtschaftsgemeinschaft X*

§ 3: Die Landwirte bewirtschaften den landwirtschaftlichen Betrieb X als geschäftsführende Landwirte im Rahmen der Landwirtschaftsgemeinschaft X zusammen mit den weiter unten genannten bis zu x Personen seit dem 1. Juli 1981, jeder selbständig, aber in Kooperation miteinander...

§ 4: Für die geschäftsführenden Landwirte (nach § 3) wird in Abteilung II des Grundbuches betreffend den Hof X gleichrangig je ein Nießbrauchrecht eingetragen, ferner eine persönliche Dienstbarkeit, die die Landwirte berechtigt, auf dem Hof X Landwirtschaft zu betreiben oder betreiben zu lassen, ferner ein Wohnrecht für sie selbst und ihre Familienangehörigen. Alle diese Rechte sind lebenslänglich, unentgeltlich, nicht vererblich und nicht übertragbar und können nur von den Berechtigten selbst wahrgenommen werden.

Die Rechte stehen nur den geschäftsführenden Landwirten im Sinne von § 3 zu. Scheidet einer der geschäftsführenden Landwirte aus, so entscheiden die übrigen geschäftsführenden Landwirte über die Nachfolge.

§ 5: Weiterhin sollen bis etwa x natürliche Personen sowie die Landwirte eine Dienstbarkeit in Abteilung II des Grundbuches erhalten, die sie berechtigt, auf dem Hof Landwirtschaft zu betreiben oder betreiben zu lassen. Diese Dienstbarkeiten werden gleichrangig untereinander, aber nachrangig zu den in § 4 genannten Rechten der geschäftsführenden Landwirte eingetragen.

Die geschäftsführenden Landwirte (nach § 3) und die übrigen bis zu x Menschen bilden die Landwirtschaftsgemeinschaft XY.

Alle privaten und öffentlichen Lasten, die mit dem Hofe jeweils verbunden sind – einschließlich der Pacht –, tragen die Mitglieder der Landwirtschaftsgemeinschaft als Unternehmer des landwirtschaftlichen Pachtbetriebes gemeinschaftlich. Die Mitglieder der Landwirtschaftsgemeinschaft verbindet der Wille zur Kooperation, nicht aber rechtliche Verpflichtung. Sie kooperieren, indem sie alle Kosten der Bewirtschaftung anteilig nach Köpfen tragen und alle Erlöse untereinander nach Köpfen teilen. Die Einzelheiten ergeben sich aus den nachstehenden einseitigen Willenserklärungen und aus den Erfahrungen der Praxis.

### *Kooperationsmethoden*

§ 6: Alle Mitglieder der Landwirtschaftsgemeinschaft zahlen auf ein Konto der Gemeinnützigen Treuhandstelle e.V. Bochum bei der Commerzbank Bochum einen Betrag von DM 3000 (einmalige Zahlung). Der Betrag dient dem Erwerb weiterer landwirtschaftlicher Betriebe, die in entsprechender Weise, wie es beim Hof X der Fall war, für die praktische und erkenntnismäßige Entwicklung der biologisch-dynamischen Landwirtschaft bereitgestellt werden sollen.

. . . . .

§ 8: Jedes Mitglied der Landwirtschaftsgemeinschaft ist berechtigt, einen Doppelzentner Brotgetreide = 100 kg oder dessen Gegenwert jährlich zu entnehmen (unveränderliches Entnahmerecht). Die geschäftsführenden Landwirte erhalten für ihren und ihrer Familien Lebensunterhalt ein Recht auf besondere Entnahmen.

. . . . .

§ 10: Jedes Mitglied der Landwirtschaftsgemeinschaft betreibt die Kooperation unter weitestgehender Rücksichtnahme auf die Interessen der anderen. Wenn die Mitglieder sich nicht einigen können, werden sie versuchen, die Zuständigkeiten so zu regeln, daß die Entscheidung nur bei einem liegt, oder sie werden ein Schiedsgericht von drei Personen berufen, das die zu entscheidende Frage der Zuständigkeit oder Arbeitsteilung für alle verbindlich festlegt, längstens jedoch für ein halbes Jahr oder bis die Beteiligten sich untereinander geeinigt haben und dies schriftlich dem Schiedsgericht mitteilen. In das Schiedsgericht beruft jeder der Beteiligten eine Person seiner Wahl. Den Vorsitzenden beruft die

XY e.V. Dieser wiederum beruft auch die Beisitzer, die möglicherweise von einem Beteiligten nicht benannt werden. Das Schiedsgericht bestimmt das weitere Verfahren.

§ 11: Die Einhaltung dieser Kooperationsmethoden wird von den Mitgliedern der Landwirtschaftsgemeinschaft zugesichert. Alle halten sich an diese Kooperationsvereinbarungen im Vertrauen darauf, daß auch die anderen dies tun. Die Kooperationsvereinbarungen sind aber nie einklagbar. Die Beteiligten gehen das Risiko ein, die Art und Weise ihrer Kooperation von Fall zu Fall zu erfinden und nicht vorher festzulegen. Deshalb kann diese Vereinbarung jederzeit von jedem beendet werden. Rechtlich einklagbare Verpflichtungen untereinander bestehen nicht. Die dinglichen Rechte der einzelnen, die von der Kooperationsvereinbarung unabhängig begründet sind, ergeben sich aus dem Grundbuch. Sie sind nicht kündbar.

§ 15: Die geschäftsführenden Landwirte haben als Vorweganteil am Gewinn ihre Entnahmen. Alle darüber hinausgehenden Gewinne oder Verluste werden gleichmäßig auf alle Mitglieder der Landwirtschaftsgemeinschaft verteilt und auf neue Rechnung vorgetragen.
Jedes Mitglied der Landwirtschaftsgemeinschaft erhält die in § 8 genannten 100 kg Brotgetreide oder den entsprechenden Gegenwert. Weitere Entnahmen stehen ihm nicht zu.
Die Landwirte (Nießbraucher) können die Verwendung des Gewinns für andere Landwirtschaftsgemeinschaften beschließen. Die Mitglieder können die Verluste durch Nachschüsse ausgleichen.

### *Schlußbestimmungen*

§ 19: ... Sollten einzelne Bestimmungen des Vertrages ungültig sein, so wird dadurch die Gültigkeit des Vertrages nicht berührt, da ohnehin alle Vereinbarungen nicht auf rechtlicher Verpflichtung, sondern auf dem Engagement der Beteiligten und auf dem gegenseitigen Vertrauen begründet sind. Deshalb verpflichten sich die Mitglieder, kooperationsfreundlich bei einer Ergänzung und Änderung dieser Vereinbarung mitzuwirken und die insoweit den Landwirten (Nießbrauchern) erteilten

Vollmachten bis auf die ausdrücklich genannten Beschränkungen weitgehend auszulegen.

§ 20: Die Ehefrauen stimmen zu.

## Vereinbarung zwischen dem Verein als Eigentümer und der Hofgemeinschaft

Der Verein XY e. V. (im nachfolgenden «Verein» genannt), ist Eigentümer des landwirtschaftlichen Betriebes XY. Zu seinen Aufgaben gehört insbesondere, im Zusammenhang und in Zusammenarbeit mit einem landwirtschaftlichen Betrieb naturwissenschaftliche und geisteswissenschaftliche Forschung zu fördern. Weiterhin soll er Ausbildung und Weiterbildung in Zusammenarbeit mit einem landwirtschaftlichen Betrieb und mit bestehenden oder noch zu begründenden Bildungseinrichtungen betreiben.

Der Hofgemeinschaft sind diese Aufgaben des Vereins bekannt. Sie wird im Rahmen dieser Vereinbarung den Verein bei seinen Zielen nach besten Kräften unterstützen.

Aufgabe der Hofgemeinschaft ist der Betrieb der Landwirtschaft und der mit dieser Landwirtschaft verbundenen Nebenbetriebe.

Sowohl der Verein als auch die Hofgemeinschaft werden sich bemühen, so zusammenzuarbeiten, daß ihre jeweiligen Aufgaben bestmöglich erfüllt werden.

In diesem Sinne schließen der Verein und die Hofgemeinschaft den nachstehenden *Nutzungsvertrag*:

1. Der Verein stellt der Hofgemeinschaft den landwirtschaftlichen Betrieb XY, eingetragen im Grundbuch von..., Amtsgericht..., einschließlich aller aufstehenden Gebäude zur Verfügung. Die Gebäude sind in der diesem Vertrag als Anlage beigefügten Hof- und Gebäudebeschreibung aufgeführt. Die Hofgemeinschaft bewirtschaftet den Hof in eigener Verantwortung auf Grundlage der biologisch-dynamischen Landwirtschaftsweise.

Sämtliche Erträge aus dem Betrieb der Landwirtschaft stehen der Hofgemeinschaft zu.
Als Gegenleistung übernimmt die Hofgemeinschaft sämtliche Kosten, die dem Verein als Eigentümer von XY entstehen, insbesondere Grundsteuer, sonstige Abgaben, Beiträge für Versicherungen etc.
Daneben zahlt die Hofgemeinschaft dem Verein für jedes Wirtschaftsjahr ein Nutzungsentgelt von DM...

. . . . .

Verein und Hofgemeinschaft können eine Anpassung des Nutzungsentgeltes verlangen, wenn der vereinbarte Betrag sich aufgrund des Investitionsplanes als zu hoch oder zu niedrig herausstellt.

. . . . .

2. Soweit der Verein für seine Aufgaben in den von der Hofgemeinschaft genutzten Gebäuden Räume benötigt, werden ihm diese unentgeltlich zur Verfügung gestellt, sofern sich dies mit einer ordnungsgemäßen Bewirtschaftung des Hofes vereinbaren läßt.
Soweit der Verein für seine Aufgaben Bodenflächen, Inventar, Werkzeuge o. ä. benötigt, wird ihm dies unentgeltlich zur Verfügung gestellt, sofern sich dies mit einer ordnungsgemäßen Bewirtschaftung des Hofes vereinbaren läßt.
3. Der Verein übergibt der Hofgemeinschaft das zum Hof gehörende lebende und tote Inventar zum Verkaufswert von DM... Eine Aufstellung über das Inventar ist als Anlage diesem Nutzungsvertrag beigefügt.
Die Hofgemeinschaft kann über die einzelnen Stücke des Inventars im Rahmen einer ordnungsgemäßen Wirtschaft verfügen. Sie hat das Inventar nach den Regeln einer ordnungsgemäßen Wirtschaft zu erhalten. Die von ihr angeschafften Stücke werden Eigentum des Vereins. Sollen Stücke, die die Hofgemeinschaft über den Bestand des Inventars hinaus anschafft, nicht dem Inventar einverleibt werden, so muß dies die Hofgemeinschaft vorher dem Verein schriftlich anzeigen.
Bei Beendigung dieses Nutzungsvertrages hat die Hofgemeinschaft das vorhandene Inventar dem Verein zu übergeben. Beide Parteien des Nutzungsvertrages stellen gemeinsam den Verkaufswert fest.

. . . . .

5. Der Hofgemeinschaft obliegt die ordnungsgemäße Pflege des genutzten Geländes, der Gebäude und des Inventars.

Schäden an Grundstück, Gebäuden und Inventar hat sie zu ersetzen, wenn diese von ihr verursacht worden sind. Im übrigen hat die Hofgemeinschaft das Grundstück, die Gebäude und das Inventar in jeder Hinsicht ausreichend zu versichern und dafür zu sorgen, daß die Beiträge zu den Versicherungen jeweils pünktlich gezahlt werden. Sollte durch das Verschulden der Hofgemeinschaft ein Schaden nicht versichert sein, so hat sie den Schaden selbst zu ersetzen.
Die Hofgemeinschaft darf an Grundstücken und Gebäuden Einrichtungen und Verbesserungen vornehmen, die nach den Grundsätzen einer ordnungsmäßigen Wirtschaft zweckmäßig sind. Bauliche Änderungen müssen im Einvernehmen mit dem Verein erfolgen.
Ebenso können grundlegende Änderungen in der Art der Bewirtschaftung nur mit Zustimmung des Vereins erfolgen.
Der Ersatz von Gebäuden und sonstigen baulichen Anlagen, die dem Verein gehören, obliegt dem Verein. Jedoch soll der Verein während der Pachtzeit Neubauten und bauliche Veränderungen nur jeweils im Einvernehmen mit der Hofgemeinschaft durchführen.
Im Laufe des Monats Juni eines jeden Jahres findet eine Hofbegehung statt, bei der zwischen Verein und Hofgemeinschaft festgestellt wird, welche Pflege- und Instandhaltungsarbeiten an Gebäuden und Inventar von der Hofgemeinschaft durchzuführen sind und welche Neubauten oder baulichen Veränderungen, die vom Verein durchzuführen sind, erforderlich sind.

. . . . .

7. Wenn die Hofgemeinschaft weitere Mitglieder aufnimmt, treten diese dem Nutzungsvertrag zwischen Verein und Hofgemeinschaft mit allen Rechten und Pflichten aus diesem Vertrag bei. Die Aufnahme neuer Mitglieder soll die Hofgemeinschaft jedoch erst jeweils nach Rücksprache mit dem Verein vornehmen.
8. Wenn ein Mitglied aus der Hofgemeinschaft ausscheidet, kann der Verein dieses Mitglied aus seinen ihm nach diesem Nutzungsvertrag obliegenden Verpflichtungen entlassen. Der Nutzungsvertrag wird in diesem Fall mit den verbleibenden Mitgliedern der Hofgemeinschaft fortgesetzt.

. . . . .

# Satzung einer Gemeinnützigen Landbau-Forschungsgesellschaft, Gesellschaft mit beschränkter Haftung

§ 1: Wir treten zu einer Gesellschaft mit beschränkter Haftung zusammen. Die Firma lautet: Gemeinnützige Landbau-Forschungsgesellschaft X. Gesellschaft mit beschränkter Haftung.

§ 2: Die Gesellschaft hat ihren Sitz in Bochum. Das Geschäftsjahr ist das Kalenderjahr.

§ 3: Allgemeine Zweckbestimmung
I. Gegenstand des Unternehmens ist die ausschließliche und unmittelbare Verfolgung wissenschaftlicher, gemeinnütziger und mildtätiger Zwecke im Sinne der Gemeinnützigkeitsverordnung durch Förderung von Wissenschaft und Forschung sowie pädagogischer und wohlfahrtspflegerischer Zwecke. Andere als diese Zwecke darf die Gesellschaft nicht verfolgen.

. . . . .

VI. Die Gesellschafter erhalten mit dem Erwerb von Gesellschaftsanteilen an dieser Gesellschaft kein persönlich verwertbares Vermögen. Die Gesellschaft ist lediglich die für die Durchführung ihrer satzungsmäßigen Zwecke geschaffene Organisationsform. Die Gesellschafter dürfen bei ihrem Ausscheiden oder bei Auflösung der Gesellschaft keine Zahlungen erhalten, welche die eingezahlten Kapitalanteile bzw. den von ihnen für ihren Geschäftsanteil bezahlten Anschaffungspreis übersteigen. Allen Gesellschaftern ist beim Erwerb von Gesellschaftsanteilen ausdrücklich die Verpflichtung zur Einhaltung der sich aus dieser Satzung ergebenden Bestimmungen aufzuerlegen.

. . . . .

§ 4: Besondere Zweckbestimmung
I. Im Rahmen der allgemeinen Zweckbestimmung des § 3 sind Gegenstand der Forschung der Gesellschaft die sozialen, kulturellen und betriebs- und volkswirtschaftlichen Voraussetzungen der biologisch-dynamischen Landwirtschaftsweise, so wie die Bedingungen dieser Wirtschaftsweise selbst. Die Gesellschaft arbeitet auf den Grundlagen der Geisteswissenschaft Rudolf Steiners.

Zur Erfüllung ihrer Zwecke erwirbt die Gesellschaft u. a. landwirtschaftlich nutzbare Grundstücke und Gebäude, die sie nach ihren Richtlinien von Dritten bewirtschaften läß.

Sie kann heilpädagogische, allgemein pädagogische und wohlfahrtspflegerische Einrichtungen sowie wissenschaftliche Versuchsstationen betreiben.

II. Im Rahmen der vorstehenden Bestimmungen beschließt die Gesellschafterversammlung über die Verwendung der zur Verfügung stehenden Mittel.

III. Die Gesellschaft kann Rechtsansprüche auf die Gewährung von unentgeltlichen Leistungen an andere nicht begründen.

. . . . .

## Verfassung einer Stiftung zur Förderung der sozialökologischen Landwirtschaft

. . . . .

§ 2: Stiftungszweck

1. Die Stiftung dient ausschließlich und unmittelbar gemeinnützigen Zwecken im Sinne der Abgabenordnung.
2. Zweck der Stiftung ist die Schaffung und Förderung von gemeinnützigen, uneigennützigen Einrichtungen auf dem Gebiete einer naturgemäßen Land- und Forstwirtschaft, insbesondere der biologisch-dynamischen Landwirtschaft. Sie sind keine gewerblichen Unternehmen im Sinne einer Gewinnerzielung. Diese Einrichtungen sollen die Grundlage bilden
   - für eine nachhaltige Bodengesundung,
   - für die Erhaltung der bäuerlich geprägten, abwechslungsreichen Kulturlandschaft
   - für die Wiederherstellung einer solchen durch Anlegen von Feldholzinseln, Streuobstwiesen und einer landschaftsgerechten Flureinteilung zur Verhinderung der Bodenerosion,
   - für die Schaffung einer bodenständigen Nutzflora und -fauna unter besonderer Berücksichtigung der vom Aussterben bedrohten Haustierrassen

- für die Intensivierung der biologisch-dynamischen Forschung,
- für das Heranführen von Schulkindern und Eltern an die schwierige Praxis einer natürlichen Wirtschaftsweise im Sinne einer Volksbildung,
- für die Durchführung von Landwirtschaftspraktika insbesondere für Waldorfschulen,
- für die Zusammenarbeit mit Naturschutzeinrichtungen, -stellen und -verbänden.

Als Maßnahmen werden unter anderem angesehen:

- Erwerb und Verwaltung von Grundstücken zur Realisierung der genannten Zwecke,
- kostenlose Beratung und Betreuung von Betrieben, die eine Umstellung auf naturgemäße Land- und Forstwirtschaft vorbereiten,
- kostenlose Beratung und Betreuung von Verbraucher- und Erzeugergemeinschaften,
- die Veröffentlichung der durch die Tätigkeit der Stiftung gewonnenen praktischen und wissenschaftlichen Erkenntnisse.

3. Die Tätigkeit der Stiftung ist parteipolitisch und konfessionell unabhängig und ungebunden.
4. Über die Vergabe von Stiftungsmitteln entscheidet der Vorstand der Stiftung. Näheres ergibt sich aus den Richtlinien für die Vergabe von Stiftungsmitteln.
5. Ein Rechtsanspruch auf die Zuwendung von Stiftungsmitteln besteht nicht.

§ 9: Kuratorium

1. Dem Kuratorium gehören an:
   - Zwei Vertreter des XY-Gemeinschaftswerks e. V.
   - natürliche Personen oder deren Vertreter, die eine Zuwendung von mindestens 50000,– DM geleistet haben.
   - Vertreter von juristischen Personen des öffentlichen oder privaten Rechts, die eine Zuwendung von mindestens 100000,– DM geleistet haben.
   - Höchstens sieben Vertreter des Stiftungskreises.

## Satzung der Hof X. Kommanditgesellschaft für biologisch-dynamischen Landbau

. . . . .

§ 2: Aufgaben und Ziele

Die Gesellschaft hat folgenden Gegenstand ihres Unternehmens:

1. Erwerb des Hofes X und Bewirtschaftung nach biologisch-dynamischer Wirtschaftsweise...
2. Die biologisch-dynamische Wirtschaftsweise... soll die Pflege und den Erhalt der Lebenskräfte in Natur und Kultur dieses Hoforganismus sichern. Sie dient insbesondere
   - der Bodenpflege,
   - der Bestärkung der Artenvielfalt in Weide, Acker und Wald,
   - der artgerechten Tierhaltung,
   - der Gewinnung gesunder Nahrungsmittel,
   - der Bewußtmachung und Schaffung kultureller Impulse im bäuerlichen Leben sowie
   - der landwirtschaftlichen Aus- und Fortbildung junger Menschen.

§ 3: Gesellschafter

1. Persönlich haftende Gesellschafter sind diejenigen Menschen, die von der Gesellschafterversammlung mit der selbständigen Bewirtschaftung des Hofes beauftragt sind (Betriebsgemeinschaft). Scheidet ein persönlich haftender Gesellschafter aus der Betriebsgemeinschaft aus, so rückt er von diesem Zeitpunkt an in die Stellung eines Kommanditisten mit der Folge, daß seine Haftung auf den dann vorhandenen Stand seiner Einlage begrenzt wird (Kapitalkonten I und II). Zur Zeit sind Komplementäre...
2. Komanditisten sind...
3. Das Gesellschaftskapital beträgt... und verteilt sich auf...
4. Die Einlagen der Kommanditisten und Komplementäre sind mit Vertragsschluß fällig. Bei den Kommanditisten ist die Einlage zugleich die Haftsumme.
5. Neben den Komplementären können auch die Kommanditisten Dienstleistungen in die Gesellschaft einbringen. Diese bestehen vor allem in der aktiven Mitarbeit an der Verwirklichung der Aufgaben

und Ziele des Hofes durch Schaffung eines gesunden sozialen Umfeldes.

6. Für jeden Gesellschafter werden folgende Konten geführt:
   a) Kapitalkonto I mit seiner Einlage,
   b) Kapitalkonto II mit Gewinnen und Verlusten,
   c) Kapitalkonto III mit Gesellschafterdarlehen.

§ 4: Eintritt von neuen Kommanditisten

Neue Kommanditisten können natürlich Personen, Personengesellschaften nach HGB und juristische Personen werden, die durch Geld, Sacheinlagen oder die Erbringung von Dienstleistungen zum Erwerb und Erhalt des Hofes beitragen möchten.

. . . . .

§ 6: Geschäftsführung / Vertretung

Die laufenden Geschäfte der Gesellschaft werden alleinverantwortlich von den Komplementären geführt...

§ 7: Gesellschaftsversammlung / Gesellschafterbeschlüsse

1. Mindestens einmal im Geschäftsjahr findet eine Gesellschafterversammlung statt. Ihre Beschlüsse erlangen in der Form Gültigkeit, in der sie im Protokoll schriftlich festgehalten sind. Das Protokoll ist von jeweils einem Komplementär und einem Kommanditisten zu unterschreiben.

. . . . .

3. In der Gesellschafterversammlung erfolgt die Abstimmung nach Köpfen. Jeder Gesellschafter hat dabei unabhängig von der Höhe seines Gesellschaftsanteiles eine Stimme. Die Gesellschafterversammlung soll grundsätzlich ihre Beschlüsse einmütig fassen. Sollte eine einmütige Beschlußfassung nicht herzustellen sein, so soll eine noch zu benennende Persönlichkeit als unabhängiger Dritter versuchen, eine von allen vertretbare Lösung zu finden. Sollte eine solche Lösung nicht gefunden werden können, so steht diesem Dritten das Entscheidungsrecht zu.

. . . . .

§ 8: Gewinn- und Verlustverteilung/Entnahmen

1. Den Komplementären stehen vorab vom Gewinn die für die Bestreitung ihres persönlichen Bedarfs notwendigen Gelder zu. Diese dürfen in voller Höhe entnommen werden. Dieses Entnahmerecht gilt auch im Verlustfall.
2. Im übrigen werden Gewinne und Verluste nach Köpfen verteilt.
3. Die Kommanditisten sind zu Entnahmen nur insoweit berechtigt, als diese zur Deckung der mit der Beteiligung an der Gesellschaft verbundenen Steuern erforderlich sind. Darüber hinausgehende Entnahmen müssen von der Gesellschafterversammlung beschlossen werden.

§ 9: Abtretung und Veräußerung der Gesellschaftsanteile

Die Abtretung oder Veräußerung der Gesellschaftsanteile an Dritte ist nur mit Zustimmung der Gesellschaft möglich.

. . . . .

§ 10: Kündigung

Durch die Kündigung eines Gesellschaftsanteils wird die Gesellschaft nicht aufgelöst, sondern mit den verbleibenden Gesellschaftern fortgesetzt.

1. Ein sofortiges Ausscheiden durch Kündigung ist nur durch Übertragung des Anteils auf einen neu eintretenden Gesellschafter oder Übernahme des Anteils durch einen bereits beteiligten Gesellschafter, jeweils mit Zustimmung der übrigen Gesellschafter, möglich.
2. Im übrigen beträgt die Kündigungsfrist bei Einlagen unter 100000,– DM zwei Jahre zum Geschäftsjahresende. Bei Einlagen über 100000– DM beträgt die Kündigungsfrist vier Jahre zum Geschäftsjahresende.
3. Die Abfindung beim Ausscheiden regelt sich nach § 12. Der Abfindungswert ist auf den Zeitpunkt des Zugangs der Kündigung bei der Gesellschaft zu bestimmen. Von diesem Zeitpunkt an nimmt dieser Gesellschafter nicht mehr an Gewinnen und Verlusten teil. Auch die übrigen Gesellschaftsrechte und -pflichten ruhen.

. . . . .

§ 12: Abfindung
Ist ein ausscheidender Gesellschafter abzufinden, so richtet sich die Höhe seiner Abfindung nach dem eingezahlten Kapitalanteil (Nominalwert). An die Stelle des Nominalwertes tritt ein niedrigerer Buchwert, der sich ggf. aus dem handelsrechtlichen Abschluß der Gesellschaft ergibt.

§ 13: Ausschluß von Gesellschaftern
Der Ausschluß eines Gesellschafters kann ohne Zustimmung des Betroffenen beschlossen werden, wenn
a) über sein Vermögen das Konkursverfahren oder ein gerichtliches Vergleichsverfahren eröffnet ist oder
b) die Zwangsvollstreckung in seinen Gesellschaftsanteil betrieben und nicht binnen drei Monaten aufgehoben wird oder
c) er seine Pflichten gegenüber der Gesellschaft in grober Weise verletzt, insbesondere, wenn ein dem § 140 HGB entsprechender Bestand gegeben ist.

Die Abfindung bei Ausschluß eines Gesellschafters richtet sich nach §§ 10 und 12.

. . . . .

§ 15: Sicherung der Aufgaben und Ziele
Die Gesellschafter werden ein Vorkaufsrecht für den Hof in das Grundbuch eintragen lassen, das bei einer Veräußerung des Hofes bzw. wesentlicher Teile des Hofes fällig wird.

Dieses Vorkaufsrecht wird zu Gunsten XY eingeräumt. Es ist innerhalb einer Frist von drei Monaten auszuüben.

. . . . .

## Überlassungsvertrag für eine Kuh

1. Wir beauftragen hiermit die Betriebsgemeinschaft XY, die von uns am... gekaufte Kuh, Ohrmarke Nr.... gemäß den Richtlinien der biologisch-dynamischen Landwirtschaft für uns aufzustallen, zu füttern und gesund zu erhalten.
2. Die Betriebsgemeinschaft hat das Recht, über den Nachwuchs der in Pflege gegebenen Kuh zu verfügen, d. h. die Kälber aufzuziehen oder zu verkaufen, in ihrem Namen und auf ihre Rechnung, ohne daß wir Ansprüche geltend machen.
3. Sollte die Kuh geschlachtet werden, steht der Erlös daraus der Betriebsgemeinschaft zu. Sie verpflichtet sich, eine in etwa gleichwertige «Ersatzkuh» zu beschaffen, bzw. aus der Nachzucht uns kostenlos aufzustallen...
4. Die Milch steht uns, als dem Eigentümer, unentgeltlich zu.
5. Die Kosten für Aufstallung, Futter, Streu, Tierarzt, Klauenpflege usw. werden wie folgt erbracht: Wir zahlen an die Betriebsgemeinschaft zum Ausgleich der obigen Kosten eine monatliche Pflegekostenpauschale in Höhe von DM ...

   Sollten wir das Tagesgemelk zeitweilig nicht vollständig abnehmen können, ist die Betriebsgemeinschaft berechtigt, in unserem Namen bis zu höchstens 10 l Milch täglich an Dritte zu veräußern. Der Erlös steht uns zu und ist bei der Festsetzung der Pflegekostenpauschale berücksichtigt. Eine Auszahlung eines Erlöses an uns persönlich soll darum in keinem Fall erfolgen.
6. Damit sind alle gegenseitigen Ansprüche abgegolten. Ansprüche Dritter in bezug auf unsere Kuh richten sich ausschließlich gegen die Betriebsgemeinschaft. Diese übernimmt die Gefahrtragung nach außen und wird uns im Innenverhältnis von allen Ansprüchen freistellen.
7. Wir können in Absprache mit der Betriebsgemeinschaft unser Eigentum an der Kuh an Dritte veräußern, wenn der Käufer in alle Rechte und Pflichten dieses Vertrages eintritt.

.....

# Adressen

## I. Rechtsfragen

| | | |
|---|---|---|
| Hellmut Hannesen | Rechtsanwalt | Mittelweg 147<br>2000 Hamburg 13<br>Tel. 040/457464 |
| Lutz Häusler | Rechtsanwalt, Steuer-berater, landwirtschaftl. Buchstelle | Friedrich-Ebert-Str. 41<br>3500 Kassel<br>Tel. 0561/14666 |
| Axel Janitzki | Rechtsanwalt | Husemannplatz 3/4<br>4630 Bochum 1<br>Tel. 0234/60725 |
| Dr. K. H. Deerberg | Landwirtschaftskammer Schleswig-Holstein | Abteilung II B<br>Holstenstr. 106/108<br>2300 Kiel 1<br>Tel. 0431/992-0 |

## II. Bankwesen

| | | |
|---|---|---|
| GLS Gemeinschaftsbank e. G.<br>Gemeinnützige Treuhand-stelle e. V.<br>Gemeinnützige Kredit-garantiegenossenschaft | «Bankspiegel» erscheint monatlich | Oskar-Hofmann-Str. 25<br>4630 Bochum 1<br>Tel. 0234/37653 |
| Filiale Stuttgart | | Haußmannstr. 50<br>7000 Stuttgart 1<br>Tel. 0711/248143 |
| Ökobank<br>Ökobank-Genossenschaft i. G. | «Ökokorrespondenz» | Bornheimer Landstr. 22<br>6000 Frankfurt a. M. 1 |

## III. Organisationen

| | | |
|---|---|---|
| Verein<br>«Rudolf Steiner Stiftung für die Landwirtschaft» | seit 1980 aktiv (Vorläufer unter glei-chem Namen von 1966–72) | Auskunft:<br>Gotthilf M. Goyert<br>Neuhof<br>6719 Altheiningen |
| Kulturland, gemeinnützige Stiftung für Landwirtschaft und Ökologie | gegründet November 1988 | Mittelweg 147<br>2000 Hamburg 13<br>Tel. 040/4102889 |

| | | |
|---|---|---|
| Stiftung «Land um die Stadt» | gegründet im Dezember 1986 vom Christian-Morgenstern-Gemeinschaftswerk e.V. Wiesbaden | Auskunft: Dr. E. Mühlich Am Erlenweg 10–12 6100 Darmstadt Tel. 06151/45888 oder 26911 |
| Forschungsring für Biologisch-Dynamische Wirtschaftsweise e.V. | gegründet 1924, zunächst unter anderem Namen «Lebendige Erde» erscheint 2monatlich | Baumschulenweg 11 6100 Darmstadt Tel. 06155/2674 |
| Bäuerliche Gesellschaft Nordwestdeutschland | gegründet 1952 | Hof Dannwisch 2203 Horst/Holstein |
| Demeter-Bund e.V. | «Demeter-Blätter», halbjährlich «Demeter-Mitteilungen», 4monatlich | Fenchelstr. 14 7000 Stuttgart 75 Tel. 0711/4411025 |
| regionale «Arbeitsgemeinschaften für Biologisch-Dynamische Wirtschaftsweise e.V.» | | Adressen beim Forschungsring in Darmstadt erfragen |

## IV. Markt

| | | |
|---|---|---|
| Verbund freier Unternehmerinitiativen | | Haußmannstr. 50 7000 Stuttgart 1 Tel. 0711/232351 |
| Arbeitsgemeinschaft Verarbeitung und Vertrieb von Demeter-Erzeugnissen (AVV) | «Demeter-Brief an den Fachhändler», 4monatlich | c/o Demeter-Bund oder: Außenstelle der AVV Krapfenreuterstr. 153 7336 Uhingen |

## V. Verbraucher-Vereinigungen

| | | |
|---|---|---|
| Förderkreis für Umweltgesundung durch Biologisch-Dynamische Wirtschaftsweise gemn. e.V. | | Franz-Joseph-Str. 26 8000 München 40 Tel. 089/3401223 |
| Demeter-Assoziation Freiburg e.V. | | Kapellenweg 22 7800 Freiburg |

Weitere Adressen, auch im Ausland, sind beim Demeter-Bund in Stuttgart zu erfragen

# Über die Autoren

*Albert Fink,* geboren 1934, langjährige geschäftsleitende Tätigkeit in Industrieunternehmen (Industrieanlagenbau) sowie im Import- und Exporthandel. Mitbegründer der GLS Gemeinschaftsbank und z. Zt. tätig als hauptamtlicher Geschäftsführer bei der GLS Gemeinschaftsbank und der Gemeinnützigen Kredit-Garantiegenossenschaft sowie Vorstand der Gemeinnützigen Treuhandstelle.

*Heinz A. Gengenbach,* geboren 1953, Studium der Slavistik, Geographie und Geologie in Heidelberg. Ab 1976–1983 Lehre und praktische Tätigkeit auf biologisch-dynamisch geführten Betrieben in Norddeutschland, Österreich und Frankreich, u. a. auf Hof Ehlers/Hasenmoor und Sophienlust/Schierensee während der Ausbildung und als Umstellungshelfer für die Bäuerliche Gesellschaft Nordwestdeutschland. Seit 1983 Fachberater für Biologisch-Dynamische Wirtschaftsweise in Hessen. Mehrere Veröffentlichungen in Fachzeitschriften, z. B. in ‹Lebendige Erde›.

*Hellmut Hannesen,* geboren 1948, Rechtsanwalt, beratend tätig für Einrichtungen in der Sozialarbeit und Rechtsfragen der Landwirtschaft. Mitglied des Aufsichtsrats der GLS-Bank.

*Franz Hartz,* geboren 1928 in Lothringen. Studium der Elektrotechnik an der Ingenieurschule in Leipzig. Seit 1964 in der Kernfusionsforschung tätig. Gründungsmitglied und Vorstandsmitglied des Förderkreises für Umweltgesundung durch Biologisch-Dynamische Wirtschaftsweise. Seit 1976 Mitglied im Gesamtvorstand des Demeter-Bundes.

*Friedrich von Homeyer,* 1942 in Berlin geboren. Freie Waldorfschule Marburg, Studium der Landwirtschaft zum Diplomlandwirt an der TU München-Weihenstephan. Arbeit im Ausland, Entwicklungshilfe. Mitarbeiter in biologisch-dynamischen Betrieben, besonders Milchviehhaltung. Z. Zt. Geschäftsführer der Liefergemeinschaft für Demeter-Milch NRW e. V. und freier Mitarbeiter im Demeter-Bund.

*Axel Janitzki,* geboren 1951, Besuch der Rudolf-Steiner-Schule Bochum, Zivildienst in der Landwirtschaft, Jurastudium in Bonn und Berlin, Referendariat in Bochum. Rechtsanwalt in Bochum seit 1980, Aufsichtsrat GLS Gemeinschaftsbank eG.

*Manfred Klett,* geboren 1933, Studium der Agrarwissenschaften und Promotion in Hohenheim. Mitarbeit am Institut für biologisch-dynamische Forschung in Darmstadt. Seit 1968 Landwirt auf dem Dottenfelder Hof im Rahmen einer Betriebsgemeinschaft und Lehrer im Rahmen der Landbauschule Dottenfelder Hof. Seit 1987 Leitung der landwirtschaftlichen Abteilung der Naturwissenschaftlichen Sektion am Goetheanum, Dornach / Schweiz.

*Max Victor Limbacher,* geboren 1952, Studium der Germanistik, Kulturanthropologie und Soziologie. Betrieb eines Programmkinos. Seit 1984 Herausgabe des Programmblattes «Trigonal» in Frankfurt. Aufbau einer anthroposophischen Fachbuchhandlung. Seit 1987 Geschäftsführer an der Waldorfschule Wiesbaden. Beauftragter der Leihgemeinschaft Backhaus GbRmbH. Beteiligung an Forschungsprojekten zu Dorferneuerungsmaßnahmen

*Hans Peter Stappmanns,* geboren 1945, Rechtspfleger, Verwaltungsdiplom-Inhaber, Studium der Finanzwissenschaft. Tätig als Regierungsoberrat bei der Hessischen Staatskanzlei in Wiesbaden. Seit acht Jahren Mitarbeit für die Waldorfschule in Wiesbaden und die biologisch-dynamische Landwirtschaft.

*Eckard von Wistinghausen,* geboren 1937, landwirtschaftliche Lehre 1957–59. Landwirtschaftsstudium in Hohenheim 1959–62, praktische landwirtschaftliche Tätigkeit 1963–68. Promotion im Fach Bodenkunde in Hohenheim 1971. Wissenschaftlicher Mitarbeiter am Institut für biologisch-dynamische Forschung in Darmstadt 1972–86, danach Aufbau einer landwirtschaftlichen Ausbildungseinrichtung im Hofgut Rengoldshausen / Überlingen.

## *Literatur zur biologisch-dynamischen Wirtschaftsweise*

*Herbert H. Koepf, Stephen Kaffka, Friedrich Sattler*
**Nährstoffbilanz und Energiebedarf im landwirtschaftlichen Betriebsorganismus**
Landwirtschaftliche Systeme und ihre Bewertung. Ca. 56 Seiten, kart.

*Ulrich Spielberger, Roland Schaette*
**Biologische Stallapotheke**
2., neu überarbeitete und stark erweiterte Auflage. 140 Seiten, kart.

**Biologisch-Dynamischer Land- und Gartenbau – Band 3**
Erfahrungen – Durchführung – Entwicklung der Gesamtarbeit. 1980, 313 Seiten, kart.

*Irmgard Heck*
**Ökologische Denkweise als didaktische Dimension und schulische Aufgabe**
2. Auflage 1980, 325 Seiten, kart.

*Hans Heinze*
**Lebendige Landwirtschaft durch Naturerleben und Naturverstehen**
1980, 245 Seiten, kart.

*Manfred Klett*
**Untersuchungen über Licht- und Schattenqualität in Relation zum Anbau und Test von Kieselpräparaten zur Qualitätshebung**
117 Seiten mit 57 Schwarzweißfotos, kart.

*Franz Lippert*
**Vom Nutzen der Kräuter im Landbau für Boden, Kompost, Fütterung, Ernährung**
Ein Weg zum Verständnis biologisch-dynamischer Landwirtschaft
3. Auflage 1981, 100 Seiten, kart.

*Bernd Schimmele*
**Mischkulturen im biologisch-dynamischen Gemüsegarten**
Ein Erfahrungsbericht. 1983, 40 Seiten mit zehn farbigen Illustrationen und 23 Schwarzweißzeichnungen, großes Querformat, kart.

*Hartmut Spiess*
**Konventionelle und biologisch-dynamische Verfahren zur Steigerung der Bodenfruchtbarkeit**
1978, 233 Seiten, kart.

*Eckard von Wistinghausen*
**Düngung und biologisch-dynamische Präparate**
1984, 106 Seiten, kart.

*Eckard von Wistinghausen*
**Was ist Qualität? Wie entsteht sie und wie ist sie nachzuweisen?**
Versuche zur Qualitätsfindung im Feldgemüsebau. 1979, 166 Seiten, kart.

*Michael Wortmann*
**Konventionelle und biologische Landwirtschaft im Spannungsfeld von Ökonomie und Ökologie**
Mit einem Vorwort von Dr. Herbert Gruhl. 4. Auflage 1982, 449 Seiten, kart.

*Zeichen der Zeit*

## 5 Assoziative Wirtschaft

Ein Weg zur sozialen Neugestaltung. Von Wolfgang Latrille, 198 Seiten, kartoniert.
*Aus dem Inhalt:* Von der Einheit zur Dreigliederung / Das soziale Hauptgesetz / Ein neuer Begriff des Eigentums an den Produktionsmitteln und am Kapital / Die Ersetzung des Lohn- und Gehaltssystems durch ein Teilungsverhältnis / Die Assoziationen der Wirtschaft / Das Problem der Arbeitslosigkeit / Ein gesundes Geldwesen.

## 6 Bildschirmtechnik und Bewußtseinsmanipulation

Von Rainer Patzlaff, 76 Seiten, kartoniert.
*Aus dem Inhalt:* Bewußtsein im Umbruch / Menschliche und unmenschliche Intelligenz / Bildersehnsucht und ihre Perversion / Die Wirkungen des Bildschirms / Fernsehen und Meditation / Der Mensch als Kathodenstrahl-Marionette / Der Angriff auf das Ich. Die geheime Mission des Bösen.

## 7 Mitteleuropa im Spannungsfeld der Gegenwart

Dokumentation des Wittener Kongresses vom November 1985, 184 Seiten, kartoniert.
*Aus dem Inhalt:* Die Dreigliederung des sozialen Organismus / Bewußtseinswandel der modernen Menschheit / Völker und ihre Mission / Podiumsdiskussion / Mitteleuropas therapeutischer Auftrag / Von der Menschenwürde im Wirtschaftsleben / Der plastische Umstülpungsvorgang / Freies Geistesleben als Grundlage für eine soziale Erneuerung.

## 8 Das Schicksal manipulieren?

Über die Technisierung von Geburt und Tod, 122 Seiten, kartoniert.
*Aus dem Inhalt:* Die Embryonalentwicklung des Menschen als Ausdruck seiner Individualität / Manipulierte Fruchtbarkeit / Manipulation mit dem Leben / Genetik und die Gefährdung der Menschwerdung / Offene und verborgene Manipulationen um Geburt und Tod / Sterben und Geborenwerden – Grundlagen einer geistgemäßen Ethik.

## 9 Freiheit durch Gewalt?

Zum Phänomen des Terrorismus.
Vom Gedanken der Anarchie zur Propaganda der Tat.
Von Stefan Leber, 125 Seiten, kartoniert.

## 10 Medienmagie

und die Herrschaft über die Sinne.
Von Rainer Patzlaff, 137 Seiten, kartoniert.
*Aus dem Inhalt:* Sprachverfall-Bildhunger-Medienflut / Wahrnehmen und Denken-Tore zur Welt / Die Abstumpfung der Sinne und ihre zerstörerischen Wirkungen / Subliminale Suggestion – die unterschwellige Persönlichkeitssteuerung.

VERLAG FREIES GEISTESLEBEN